왕초보가 쉽게 배우는
스페인어 첫걸음

음원·미니강의
MP3 다운

동인랑

동인랑 스페인어

저자 강재옥
5판2쇄 2025년 1월 25일
Editorial Director 김인숙
Printing 삼덕정판사

감수 Sara Torres
발행인 김인숙
Designer 김미선

강의 정지인
발행처 (주)동인랑

139-240
서울시 노원구 공릉동 653-5

대표전화 02-967-0700
팩시밀리 02-967-1555
출판등록 제 6-0406호
ISBN 978-89-7582-683-2

ⓒ2024, Donginrang Co..Ltd
본 교재에 수록되어 있는 모든 내용과 사진, 삽화 등의 무단 전재·복제를 금합니다.

All right reserved. No part of this book or audio CD may be reproduced or transmitted in any form or by any means, without permission in writing from the publisher.

동인랑 에서는 참신한 외국어 원고를 모집합니다.   e-mail : webmaster@donginrang.co.kr

일러두기

현재 스페인과 남미에서 사용하는 생생한 표현을 쉽고 재미있게~ 배울 수 있어요.

1. 본서에서는 초보자들의 학습을 위해 11과까지는 한글발음을 표기 하였다.
   최대한 원음에 가깝게 표기하였으나 정확하게 표현하는 데는 한계가 있으므로, 실제 원어민이 녹음한 발음을 들으며 연습하도록 하자.

2. 스페인어는 스페인 현지어와 중남미 각국에서 사용되는 스페인어가 음운이나 어휘면에서 나라별, 지방별 약간의 차이가 존재하지만 각 지역에서 일상적으로 사용하는 말은 그대로 사용해도 의사소통에는 큰 문제가 없다.

   이 책은 스페인어를 처음 배우는 분들을 위해 저자가 현지에서 배운 경험을 토대로

   ① 현재 스페인과 남미에서 사용하는 생생한 표현을 중심으로 회화를 배우도록 구성
      현지에서 부딪치게 되는 상황에 따라 그와 관련된 풍부한 회화문과 예문을 만들었으며, 까다롭고 복잡한 문형은 가급적 피하고 가장 간단하면서도 필수적인 문형이 들어가도록 대화문을 구성하였다.

   ② 회화에 꼭 필요한 핵심적인 문법만을 골라 재미있는 일러스트로 설명

   ③ 우리말발음을 표기해 놓아 누구라도 쉽게 시작할 수 있도록 함

   ④ 현지에서 통하는 회화 따라하기
      원어민이 녹음한 발음을 들으며 따라서 연습할 수 있도록 하였다.

   ⑤ 일러스트로 재미있게 이해하는 현지 문화
      그 나라의문화를 모르면 진정한 언어를 할 수 없다.
      일러스트로 재미있게 읽어가다 보면 회화에 꼭 필요한 스페인어를 접할 수 있다.

3. 기초적인 스페인어를 학습하는데 필요한 문법들을 쉽게 한 눈에 볼 수 있도록 문법편을 따로 부록으로 만들었다.
   모르는 문법이 있다면 [부록 –문법편]에서 찾아 다시 한 번 학습하도록 하자.

4. 원어민이 녹음한 내용을 MP3로도 제공하므로, 언제 어디서든지 휴대하여 학습하도록 한다.

머리말

스페인어는 스페인을 위시하여 중남미 20여 개국에서 사용하는 사용국 수가 가장 많은 언어입니다. 현재 약 3억 5천만의 인구가 사용하고 있으며 UN을 비롯한 주요 국제기구의 공용어입니다.
스페인어는 미국 및 유럽에서는 가장 중요한 외국어로 인정받고 있습니다.
미국의 경우 중남미 출신의 이민자들이 많이 유입되어 4천만이 일상어로 사용하고 있으며
특히, NAFTA 등 중남미와의 경제협력관계 강화로 그 유용성이 널리 인정되어 고교 외국어 학습자와 많은 대학생이 제2외국어로 스페인어를 선택하고 있는 실정입니다.

유럽에서도 스페인어 사용 국가와의 경제교류 확대에 힘입어 가장 중요한 외국어로 간주되고 있습니다. 우리도 이제 신흥 경제권으로 부상하는 중남미 제반 국가와의 교역관계가 하루가 다르게 증대되는 추세이고 지속적인 시장 개척이 시도되고 있어 무역어로서 스페인어에 대한 관심도가 날로 늘어 가고 있습니다.
특히, 우리나라의 경우에는 수출 기반 경제 부흥을 도모하는데 있어서 자원의 보고인 중남미로의 진출과 유럽 공동체의 관문인 스페인과의 교역 확대가 큰 과제가 아닐 수 없습니다.

스페인어를 배우는데 있어서 무엇보다도 중요한 것은 기본적인 문법을 알아야지, 단지 실제적인 상황과 고정화된 몇몇 단어만을 응용하는 것은 더 이상의 학습의욕을 저해한다는 것에 반론을 하는 사람은 없을 것입니다.
따라서, 본책은 간단한 표현법으로 스페인어의 기본적인 체계를 이해하고 문법적인 사항은 부록으로 삽입하여 그 기본을 탄탄히 하도록 했습니다.
원어민이 녹음한 MP3 발음을 들으며 정확한 발음의 스페인어를 공부하시기 바랍니다.

스페인은 정말 멋지고 아름다운 나라여요~
저 투순이와 함께 스페인어를 재미있게 잘~ 배워보자.^^

NEW 열공 왕초짜 스페인어 첫걸음

오늘날의 스페인어
준비운동!

카툰으로 스페인에 대해
쉽고 재미있게 알아보고
알파베또, 스페인어 발음과 문법
아센또를 배워보자.

기본회화
Start!

본문을 시작하기 전,
스페인어의 기본회화문을 익혀
실제회화에서 다양하게 활용할 수
있도록 여러 예문을 외워보자.

본문
Power Up!

현재 사용되는 회화문을 위주로 구성
처음 배우는 왕초보자들도
누구나 쉽게 따라할 수 있도록
단어와 해설까지 한눈에 쏙! 쏙!

Contents | 이 책의 구성과 활용법 |

오늘날의 스페인어 _ 준비운동!

일러두기 … 5
머리말 … 6
이 책의 구성과 활용법 – Contents … 8
스페인이란? – La Cultura … 13
        스페인… 그곳이 알고 싶다? · 14
        스페인 따라잡기 · 16
발음 … 20
    알파베또 · 22
    발음과 문자 · 24
    아센또 · 31

알파벳과 발음

스페인어의 기본적인 알파벳과 발음을 익히는 코너이다.
스페인어는 영어와 같이 로마자를 사용하는데, 모두 30자의 알파벳으로 되어 있다.

기본회화 _ Start!

- 인사 … 34
- 감사·사과 … 38
- 대답 … 39
- 부탁 … 41
- 기타 … 42

왕초보가 쉽게 따라하는 기본회화

왕초보자가 쉽게 스페인어에 친숙해 질 수 있도록 상황에 따른 기본회화문을 구성하였다. 본문을 시작하기 전, 스페인어의 기본회화문을 익혀두면 실제회화에서 다양하게 활용할 수 있다.

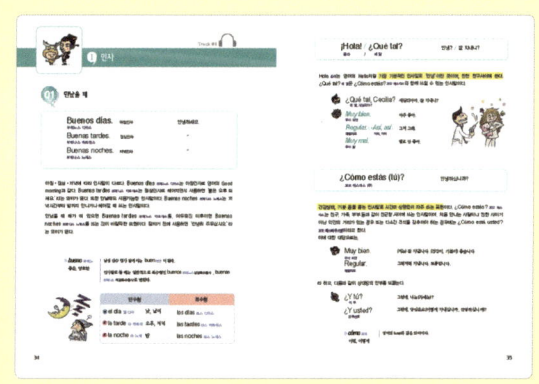

본문 _ Power Up!

실전회화 … 44

- 1과 | Buenos días. 안녕하세요. · 46
- 2과 | Yo soy Manuel Sánchez. 저는 마누엘 산체스입니다. · 54
- 3과 | Soy de Madrid. (저는) 마드리드 출신입니다. · 62
- 4과 | ¿Qué hace tu esposa? 자네 부인은 무슨 일을 하지? · 70
  - La Cultura | 마드리드 VS 바르셀로나 · 80
- 5과 | ¿Comes en tu casa? 너는 집에서 식사하니? · 82
- 6과 | ¿Dónde vive ella? 그녀는 어디에 살고 있니? · 88
  - La Cultura | 미식의 나라 스페인 · 96
- 7과 | Se llama Palacio Real. 팔라시오 레알이라고 해. · 98
  - La Cultura | 예술과 문화의 나라 스페인 · 104
- 8과 | Tengo treinta años. 제 나이는 30살입니다. · 106
  - La Cultura | 축제의 나라 스페인 · 113 / 투우와 플라멩코 · 114
- 9과 | A dónde vas? 어디 가니? · 116
- 10과 | Vamos a ir al cine. 영화관에 갑시다. · 122

현재 스페인에서 사용하는 아주 쉬운 회화

스페인에서 현재 사용되는 회화문을 위주로 구성하였다. 또한 간단하고 쉬운 문장들로만 구성하여, 처음 배우는 왕초보자들도 누구나 쉽게 따라할 수 있다.

단어

어떤 언어를 공부하든 단어를 익히는 것은 그 언어 학습의 시작이다.
새로 나온 단어들 위주로 수록하였으며, 본문을 시작하기 전 미리 익힐 수 있도록 녹음하였다.

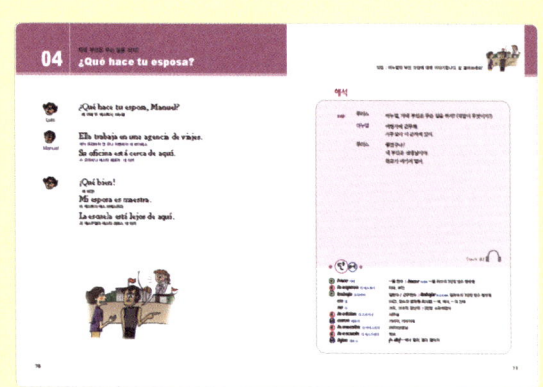

11과 | ¿Te gusta la tequila? 데낄라를 좋아하니? · 128

　　　La Cultura | EMU와 EU · 135

12과 | Estamos a 5 de diciembre. 오늘은 12월 5일이다. · 136

13과 | ¿Cuánto cuesta? 얼마입니까? · 144

14과 | ¿Qué tiempo hace hoy? 오늘 날씨는 어떻습니까? · 152

15과 | ¿Qué hora es? 몇 시입니까? · 160

16과 | ¿Has esperado mucho? 많이 기다렸니? · 166

17과 | ¿Puedo hablar con Manuel? · 174

　　　마누엘과 통화할 수 있습니까?

18과 | Porque mi tío está hospitalizado. · 182

　　　제 삼촌께서 입원하셨기 때문입니다.

19과 | ¿Qué pasó? 무슨 일이 있었습니까? · 190

　　　La Cultura | 스페인어를 사용하는 라틴 아메리카 나라들 · 197

20과 | En el aeropuerto 공항에서 · 198

머리에 쏙 들어오는 해설

회화에 꼭 필요한 기초 사항들만 알기 쉽게 설명하였다.
재미있는 일러스트로 쉽게 재미있게 이해할 수 있다. 여기 나오는 사항은 회화에 꼭 필요한 것들이므로 잘 알아두도록 하자.

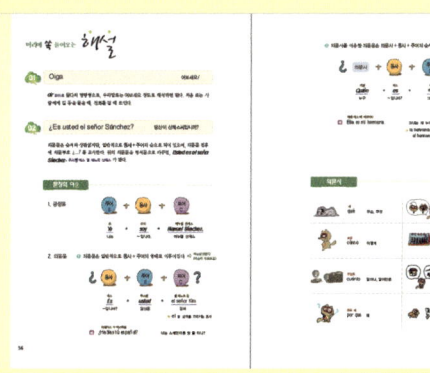

간단히 알고 넘어가는 문법

해설에서 언급했던 문법 중에서도 동사·형용사 등 중요 문법을 다시 한 번 확인하고 넘어가는 페이지이다.

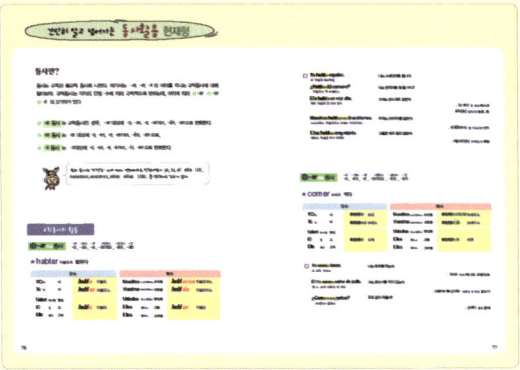

여러 가지 표현

본문에 나온 문장 중, 중요한 문장을 다시 한 번 회화로 연습하는 코너이다.
기본 패턴에 다른 단어들을 번갈아 넣어 연습하다보면, 저절로 문장의 패턴이 머릿속에 기억될 것이다.

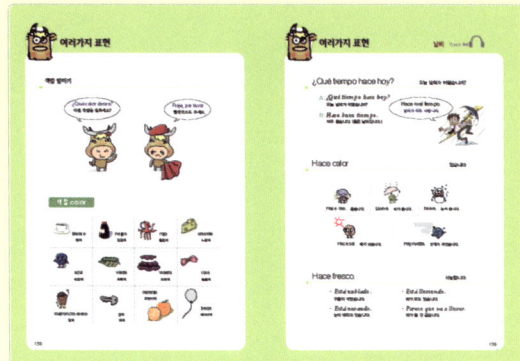

이것만은 꼭 알고 넘어가자

본문에 나온 문장 중, 꼭 알고 넘어가야 하는 문법을 한 번 더 확실히 이해할 수 있다. 반드시 체크하고 넘어가도록 하자.

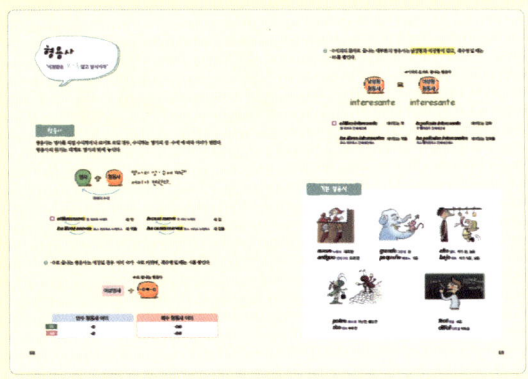

스페인 문화 엿보기 La Cultura

스페인문화를 알면 스페인어가 한결 쉽고 재미있어진다! 언어는 항상 그 나라의 문화가 살아 숨 쉬는 것! 그 나라의 문화를 모르면 진정한 언어를 할 수 없다.

부록_문법편

기초적인 스페인어를 학습하는데 필요한 문법들을 쉽게 한 번에 공부할 수 있도록 문법편으로 엮어 놓았다.

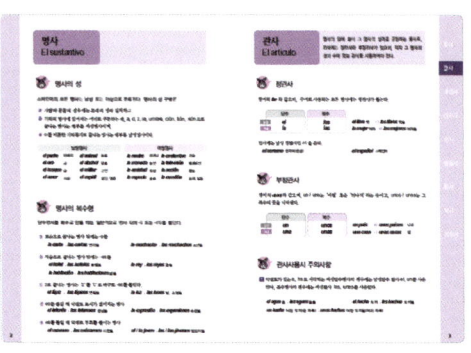

스페인이란?

여러 민족으로 구성된 스페인은 로마시대 이후 까스띠야왕국이 1492년 이슬람(아랍)권의 최후의 왕국 그라나다를 함락 시키기 전까지 그들의 통치를 받았다. 이후, 까스띠야의 이사벨라 여왕의 지원을 받은 콜럼버스가 아메리카 신대륙을 발견하고, 영국에 의해 스페인의 무적함대가 격파되기 전까지 스페인의 전성기는 계속된다. 카툰으로 스페인의 역사를 쉽게 알아보자.

④ 통일 후

지리적·역사적 여건으로 여러 형태의 방언이 발전하였는데 그 중, 다음의 4가지 방언을 많이 사용했다.

- Ⓐ Castilla 까스띠야어
- Ⓑ Cataluña 까딸루냐어
- Ⓒ Galicia 갈리시아어
  (지금의 포르투갈어의 어원이 된다)
- Ⓓ País Vasco 바스크어

자! 차례대로 아는 만큼 말해볼래요?

중부지방(까스띠야 지방)에 위치한, Castilla 까스띠야어 가 있습니다.

그래요, 맞아요! 대부분의 사람들이 까스띠야어를 사용했고, 특히 수도 마드리드에서도 사용했지요. 그래서 이후, 스페인의 표준어가 되는 언어이기도 하지요.

까딸루냐지방에서 사용했던 까딸루냐어는 현재 바르셀로나지역에서 사용하는 언어입니다.

스페인어의 표준어를 el español 엘 에스빠뇰 보다는 el castellano 엘 까스떼야노 라고 부르기도 한다.

01

발음

알파베또
발음
아센또

스페인어의 기본적인 알파베또와 발음 그리고 아센또를 익히는 코너이다. 영어의 알파벳과 비슷하게 발음하지만 다른 발음들이 있으므로 주의해서 연습해 원어민 수준의 스페인어 박사가 되도록 처음 시작을 활기차게 시작해 보자.

알파베또 [Alfabeto]

알파벳	명칭	음가	알파벳	명칭	음가
A a	아	ㅏ	H h	아-체	묵음
B b	베	ㅂ	I i	이	ㅣ
C c	쎄	ㅆ, ㄲ	J j	호따	ㅎ
Ch ch	체	ㅊ	K k	까	ㄲ, ㅋ
D d	데	ㄷ	L l	엘레	ㄹ
E e	에	ㅔ	Ll ll	엘례	ㅣ 영어의 y 발음과 비슷
F f	에페	ㅍ	M m	에메	ㅁ
G g	헤	ㄱ, ㅎ	N n	에네	ㄴ, ㅁ, ㅇ

스페인어는 영어와 같이 로마자를 사용하는데, 모두 30자의 알파벳으로 되어 있다.

원어민 발음을 들으면서 큰소리로 따라해 보자.

알파벳	명칭	음가	알파벳	명칭	음가
Ñ ñ	에녜	니 n+y 발음과 비슷	T t	떼	ㄸ
O o	오	ㅗ	U u	우	ㅜ
P p	뻬	ㅃ	V v	우베	ㅂ
Q q	꾸	ㄲ	W w	우베 도블레	ㅜ
R r	에레	ㄹ	X x	에끼스	ㅅ, ㄱㅅ, ㅎ
- rr	도블레 에뤠 rr은 대문자가 없는 것에 주의 !!	ㄹㄹ	Y y	이그리에가	ㅣ
S s	에세	ㅅ, ㅆ	Z z	세따	ㅅ, ㅆ

주의 ① ch, ll, ñ, rr 는 영어에는 없는 문자로서 특이한 음가를 가지고 있다. 이 중 ch, ll, rr 는 2중 문자 이므로 분리시켜서는 안 된다. ch 및 ll은 별도의 독립 알파벳으로 분리하지 않고 c 및 l에 포함 시킨다.

② k 및 w 는 원래 스페인어에는 없는 문자로서 외래어에만 사용된다.

③ 모든 문자는 모두 여성 단수명사로 취급된다.

23

발음 [Pronunciación] 과 문자

A 모음

1 단모음 ; 모음은 a·e·i·o·u 5자 이며, 이 중 a·e·o를 강모음, i·u를 약모음 으로 구분한다.

A a
아

우리말의 [아]와 같이 발음한다.

 엘 아구아
el agua 물

  라 까마
la cama 침대

E e
에

우리말의 [에]와 같이 발음한다.

 라 메사
la mesa 탁자

 엘 뻬로
el perro 개

I i
이

우리말의 [이]와 같이 발음한다.

 라 띤따
la tinta 잉크

  엘 비노
el vino 포도주

O o
오

우리말의 [오]와 같이 발음한다.

 라 보까
la boca 입

  엘 오호
el ojo 눈

스페인어는 표기자체가 발음 기호 역할을 하므로 별도의 발음기호
로 표기하지 않더라도 읽고 쓰는데 큰 어려움은 없다.

원어민 발음을 들으면서 큰소리로 따라해 보자.

U u
우

우리말의 [우]와 같이 발음한다.

 라 루나
la luna 달

 엘 수엘로
el suelo 땅바닥

② 2중모음 ; 강모음과 약모음이 연결(연속)되어 단일음을 내는 것을 말한다.

el aire	엘 아이레	공기	el piano	엘 삐아노	피아노
el auto	엘 아우또	자동차	el agua	엘 아구아	물
oiga	오이가	여보세요	la hierba	라 이에르바	풀
veinte	베인떼	20	la puerta	라 뿌에르따	문
la deuda	라 데우다	빚	el idioma	엘 이디오마	언어
el cuidado	엘 꾸이다도	주의	cuatro	꾸아뜨로	4
la viuda	라 비우다	미망인	la cuota	라 꾸오따	회비

③ 3중모음 ; 주로 동사의 2인칭복수형에 쓰이며, 【 약모음+강모음+약모음 】으로 이루어진다.

- **iai** estudiáis 에스뚜디아이스 너희들은 공부한다 》 estudiar의 2인칭 복수형 직설법
- **iei** cambiéis 깜비에이스 너희들은 바꾼다 》 cambiar의 2인칭 복수형 접속법
- **uai** Uruguay 우루구아이 우루과이 》 y는 [i]로 소리난다
- **üei** averigüéis 아베리구에이스 너희들이 조사한다 》 averiguar의 2인칭 복수형 접속법

B 자음

b · v 베

우리말의 [브]와 비슷하다.

 라 보다
la boda 결혼식

 엘 아베
el ave 새

c 께 / 쎄

모음 a, o, u 및 자음 앞에서는 우리말의 [ㄲ], 모음 e, i 앞에서는 [ㅆ]와 비슷하게 발음한다.

 라 까라
la cara 얼굴

 엘 씨엘로
el cielo 하늘

ch 체

우리말의 [츠]와 같다.

 엘 무차초
el muchacho 어린이

 오초
ocho 8

d 데

우리말의 [드]와 같다. 어미에 있는 d는 무음 또는 약하게 발음한다.

 라 다마
la dama 귀부인

 우스뗃
usted 당신

f 에페

영어의 [f]와 같다.

 파씰
fácil 쉬운

 엘 피데오
el fideo 면, 국수

g 헤	a, u, ui, ue, o 앞에서는 [그], e, i 앞에서는 [흐]와 같다.  엘 구스또 el gusto 기호, 좋아함  엘 히간떼 el gigante 거인

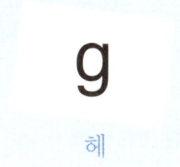

h 아-체 / 묵음	묵음 – 소리가 나지 않는다. 간혹, 소리가 나는 단어도 있다.  엘 이엘로 el hielo 얼음 엘 엘라도 el helado 아이스크림

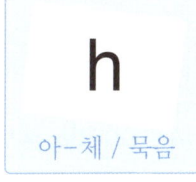

j 호따	우리말의 [흐]와 같으나, 강하게 발음한다.  라 쎄하 la ceja 눈썹 엘 하본 el jabón 비누

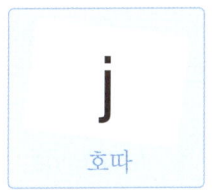

k 까	외래어에만 쓰인다. 발음은 우리말의 [끄]와 비슷하다.  엘 낄로 el kilo 킬로(그램) 엘 끼오스꼬 el kiosco 구멍가게

l 엘레	영어의 [l] 및 우리말의 [르]와 비슷하게 발음한다.  라 쁠루마 la pluma 펜 엘 솔 el sol 태양

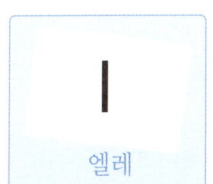

B 자음

ll · y 영어의 [j]

영어 yes의 [j]음과 같으나, 그것보다 좀 더 강하게 발음한다.

 라 야베 la llave 열쇠

 아예르 ayer 어제 (부사)

m 에메

우리말의 [ㅁ]와 같다.

 엘 알룸노 el alumno 학생

 라 모네다 la moneda 동전

n 에네

영어의 [n] 및 우리말의 [ㄴ]와 같다. c, k, qu, g, ch, ll 등의 앞에서는 영어의 [ŋ] 및 우리말의 [ㅇ]과 같은 콧소리를 내며, p, v, b, m 등의 앞에서는 영어의 [m]음을 낸다.

안떼스 antes 앞에 | 엘 에네로 el enero 1월 | 엘 앙헬 el ángel 천사 | 라 뜨람비아 la tranvía 전차

ñ 에녜

우리말의 [니]음과 비슷하다.

 라 무녜까 la muñeca 인형

 엘 빠뉴엘로 el pañuelo 손수건

p 뻬

우리말의 [ㅃ]와 비슷하게 발음한다.

 엘 빠뻴 el papel 종이

 엘 삐노 el pino 소나무

원어민 발음을 들으면서 큰소리로 따라해 보자.

q 꾸

우리말의 [ㄲ]와 비슷하게 발음한다.

 께 qué 무엇   끼엔 quién 누구

r · rr 에레/ 도블레 에뤠

우리말의 [ㄹ]음과 같으나, r 이 어두 또는 l, n, s 뒤에 있을 때에는 혀끝을 굴려 발음한다. rr은 어두 또는 어미에는 사용되지 않으며, 혀끝을 굴려서 강음을 낸다.

라 아레나	라 오레하	엘 까로로	라 띠에르라
la arena 모래	la oreja 귀	el carro 차	la tierra 땅

s 에세

우리말의 [ㅅ]과 같다.

 엘 쎄까도르 el secador 드라이기    미스모 mismo 같은

t 떼

우리말의 [ㄸ]와 같다.

 엘 떼초 el techo 천장   엘 또마떼 el tomate 토마토

w 우베 도블레

외래어에만 사용된다.

 엘 위스끼 el whisky 위스키    엘 윈체스떼르 el winchester 연발총

B 자음

X
에끼스

일반적으로 [ks]음을, 경우에 따라 [s]음을 내기도 한다.

 엘 엑사멘
el examen 시험

 엘 엑스쁘레소
el expreso 급행

Z
세따

우리말의 [ㅅ]와 같다.

 로스 싸빠또쓰
los zapatos 구두

 라 끄루스
la cruz 십자가

아쎈또 [El Acento]

원어민 발음을 들으면서 큰소리로 따라해 보자.

스페인어는 액센트를 가지고 있는 언어이며, 위치는 음절 중의 모음에 있다.
3가지 경우의 규칙이 있고 그 외에는 처음부터 액센트를 표기한다.

A 모음 a, e, i, o, u 와 자음 n, s으로 끝나는 단어는 뒤에서 두 번째 음절에 악센트가 있다.

엘 아미고
el amigo 친구

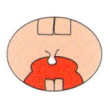
라 가르간따
la garganta 목구멍

로스 헤멜로스
los gemelos 쌍둥이

e 앞에 서는 [ㅎ] 발음에 주의!!

B n, s 를 제외한 다른 자음으로 끝나는 단어는 맨 뒤의 모음에 액센트가 있다.
어미의 y는 자음으로 취급한다.

엘 디렉또르
el director 이사

에스따르
estar 있다

아블라르
hablar 말하다

여기서는 묵음!!

C 위의 두 가지 법칙에서 벗어나는 경우에는 반드시 아쎈또 [Acento] 부호를 표시하며, 이 곳을 강하게 읽으면 된다. i 의 악센트는 í 이다.

엘 발꼰
el balcón 발코니

엘 까페
el café 커피

엘 라삐스
el lápiz 연필

02

기본회화
필수 표현

왕초보가 쉽게 스페인어에 친숙해 질 수 있도록 상황에 따른 기본회화문을 구성하였다. 본문을 시작하기 전, 스페인어의 기본회화문을 익혀두면 실제회화에서 다양하게 활용할 수 있다.

 인사

01 만났을 때

Buenos días. 아침인사	안녕하세요.
부에노스 디아스	
Buenas tardes. 점심인사	〃
부에나스 따르데스	
Buenas noches. 저녁인사	〃
부에나스 노체스	

아침·점심·저녁에 따라 인사말이 다르다. **Buenos días** 부에노스 디아스는 아침인사로 영어의 Good morning과 같다. **Buenas tardes** 부에나스 따르데스는 점심인사로 헤어지면서 사용하면 '좋은 오후 되세요.' 라는 의미가 된다. 또한 만날때도 사용가능한 인사말이다. **Buenas noches** 부에나스 노체스는 저녁시간부터 밤까지 만나거나 헤어질 때 쓰는 인사말이다.

만났을 때 해가 떠 있으면 **Buenas tardes** 부에노스 따르데스를, 어두워진 이후이면 **Buenas noches** 부에나스 노체스를 쓰는 것이 바람직한 표현이다. 잠자기 전에 사용하면 '안녕히 주무십시오.' 라는 의미가 된다.

》 **bueno** 부에노
좋은, 양호한

남성 단수 명사 앞에서는 **buen** 부엔 이 된다.

인사말로 쓸 때는 일반적으로 복수형인 **buenos** 부에노스 남성복수명사 , **buenas** 부에나스 여성복수명사 로 변한다.

단수형	복수형
ⓜ el día 엘 디아 낮, 날씨	los días 로스 디아스
ⓕ la tarde 라 따르데 오후, 저녁	las tardes 라스 따르데스
ⓕ la noche 라 노체 밤	las noches 라스 노체스

> ¿Cómo estás (tú)?　　　　　　　안녕하십니까?
> 꼬모 에스따스 (뚜)

==건강상태, 기분 등을 묻는 인사말로 시간과 상관없이 자주 쓰는 표현==이다.
¿Cómo estás? 꼬모 에스따스는 친구, 가족, 부부 등과 같이 **친근한 사이**에 쓰는 인사말이며, 처음 만나는 사람이나 친한 사이가 아닌 약간의 거리가 있는 경우 또는 다소간 격식을 갖추어야 하는 경우에는 ¿Cómo está usted? 꼬모 에스따 우스뗃이라고 한다. 이에 대한 대답으로는,

Muy bien.　　　　　(저는) 잘 지냅니다. (건강이, 기분이) 좋습니다.
무이 비엔
Regular.　　　　　그럭저럭 지냅니다. 보통입니다.
레굴라르

라 하고, 다음과 같이 상대방의 안부를 되묻는다.

¿Y tú?　　　　　그런데, 너는(자네는)?
이 뚜
¿Y usted?　　　그런데, 당신은요(어떻게 지내십니까, 안녕하십니까)?
이 우스뗃

》 cómo 꼬모　　| 영어의 how와 같은 의미이다.
　어떤, 어떻게

> ¡Hola! / ¿Qué tal?　　　　　　　안녕? / 잘 지내니?
> 올라　/　께 딸

Hola 올라는 영어의 Hello처럼 ==가장 기본적인 인사말로 '안녕'이란 뜻이며, 친한 친구사이에 쓴다.==
¿Qué tal? 께 딸은 ¿Cómo estás? 꼬모 에스따스와 함께 쓰일 수 있는 인사말이다.

 ¿Qué tal, Cecilia?　　세실리아야, 잘 지내니?
　께 딸, 세실리아?
 Muy bien.　　아주 좋아.
　무이 비엔
　Regular. (=Así, así)　　그저 그래.
　레굴라르　　아씨, 아씨
　Muy mal.　　별로 안 좋아.
　무이 말

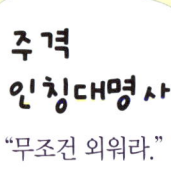

주격 인칭대명사
"무조건 외워라."

1인칭

나(저), 우리(들)

단수	복수
Yo 나 요	Nosotros 남성 또는 혼성 / Nosotras 여성 우리(들) 노소뜨로스 / 노소뜨라스

2인칭

너, 너희들

단수	복수
Tú 너 뚜	Vosotros 남성 또는 혼성 / Vosotras 여성 너희(들) 보소뜨로스 / 보소뜨라스

3인칭

1·2인칭을 제외한 그 밖의 사람

단수	복수
Usted 당신 우스뗃 Él 그(남자) 엘 Ella 그(여자) 에야	Ustedes 당신들 우스떼데스 Ellos 그들 에요스 Ellas 그녀들 에야스

》 Usted우스뗃 당신 / Ustedes우스떼데스 당신들
2인칭의 의미지만 형태는 3인칭으로 변화한다.

》 3인칭 단수 그(남자)를 나타내는 Él은 문두에 나와서 대문자로 쓸 때에는 아센또를 찍어도 되고 생략해도 된다.

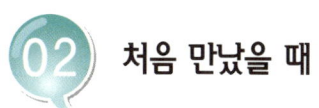 **처음 만났을 때**　　　　　　　　　　　　　　Track 02

> **Encantado. / Encantada.**　　　(만나서) 반갑습니다.
> 엔깐따도　 / 　엔깐따다

처음 만나 통성명하면서 쓰는 인사말이다. <mark>말하는 사람이 남자일 경우에는 Encantado. 엔깐따도 라고 하며, 여자일 경우에는 Encantada. 엔깐따다 라고 말한다.</mark>

Mucho gusto. 무초 구스또 라는 표현도 많이 쓰는데, 어느 한 사람이 Mucho gusto. 무초 구스또 '반갑습니다, (만나서) 아주 기쁩니다' 라고 하면 상대방은 **El gusto es mío.** 엘 구스또 에스 미오 '(오히려) 제가 기쁩니다' 라고 한다.

　　》 **encantado(a)** 엔깐따도(다) ｜ 형용사로 주로 처음 만나 인사할 때 '(만나서) 반갑습니다.'
　　　　　　　　　　　　　　　　　　라는 의미로 쓴다.

 남·여가 어미로 구별될 때는 단어 뒤에 ( )로 따로 표기하였다!!

 **헤어질 때**

> **Adiós. / Hasta luego.**　　　안녕히 가십시오.
> 아디오스　/　아스따 루에고　　　　　다음에 또 뵙겠습니다.

<mark>헤어질 때 쓰는 인사말</mark>이다. Hasta luego. 아스따 루에고는 가볍게 '자, 그럼' 이라는 느낌의 말투이다. 이 밖에도 **Hasta la vista.** 아스따 라 비스따 나, **Hasta pronto.** 아스따 쁘론또 , **Chao.** 차오 등이 있다.

Adiós. 아디오스 는 다소 격식을 갖춘 표현으로 '안녕히 가십시오, 안녕히 계십시오.' 의 의미이며 **Chao (= Ciao)** 차오 는 친한 사이에 가볍게 '안녕!' 정도의 의미로 쓰인다.

　　》 **hasta** 아스따　　　｜ Hasta 아스따 뒤에 시간을 표현하는 단어를 써서 '언제 만납시다,
　　　　~까지　　　　　　다시 봅시다.' 의 의미로 쓴다.

　　》 **Hasta mañana**　｜ '내일 까지(내일 만납시다)' 의 의미이다.
　　　　아스따 마냐나

II 감사 · 사과

 **감사할 때**

> ¡Gracias! / ¡De nada!　　감사합니다. / 천만에요.
> 그라시아스　 /　데 나다

상대방의 친절이나 도움을 받았을 때 쓰는 기본적인 '감사'의 표현이다. Muchas gracias. 무차스 그라시아스라고 하면 좀 더 감사의 기분이 강한 느낌이다. 즉, '대단히 감사합니다.'의 의미이다.
대답은 '뭘요, 아닙니다, 천만에요'라는 뜻의 De nada. 데 나다 나 No hay de qué. 노 아이 데 께 이다.

 Muchas gracias.　　대단히 감사합니다.
무차스 그라시아스

 De nada.　　천만에요.
데 나다

 **사과할 때**

> Lo siento. / Perdón.　　미안합니다. / 여보세요!
> 로 시엔또　 /　뻬르돈

Lo siento. 로 시엔또 는 유감으로 생각할 때, Perdón. 뻬르돈 은 용서를 빌 때, 또는 누군가를 부를 때 쓰는 표현이다

> Con su permiso. / Con permiso.　　실례합니다!
> 꼰 수 뻬르미소　 /　꼰 뻬르미소

상대방의 양해를 구할 때 쓰는 표현이다.

Track 02

III 대답

 **01** 긍정과 부정

> Sí. / No.
> 씨 / 노
>
> 예. / 아니오.

질문에 대한 대답으로 영어의 yes, no와 같이 쓰인다. 어미가 올라가는 어조로 Sí?↗시↗, No?↗노↗ 와 같이 말하면 '그렇습니까?, 그렇지 않습니까?' 하고 되묻는 말이 된다.

 ¿Eres Luis Miguel? 네가 루이스 미겔이니?
에레스 루이스 미겔

 Sí, soy Luis Miguel. 네, 제가 루이스 미겔입니다.
씨, 소이 루이스 미겔

No, Soy García. 아니요, 저는 가르시아입니다.
노, 소이 가르시아

 **02** 좋거나 나쁨을 표현할 때

> Muy bien. / Muy bueno.   매우 좋습니다.
> 무이 비엔   / 무이 부에노

bien 비엔은 부사, bueno 부에노는 형용사로 '좋다' 라는 표현이다.

> Muy mal. / Muy malo.   매우 나쁩니다.
> 무이 말   / 무이 말로

mal 말은 부사, malo 말로는 형용사로 '나쁘다' 라는 표현이다.

39

III 대답

 **되물을 때**

> ¿Cómo? / ¿Cómo dice?   예, 뭐라고요?
> 꼬모   /   꼬모 디쎄

놀라서 '예, 뭐라고요? 라고 하는 경우나, 상대방이 하는 말을 잘 못알아들어서 되물을 경우에 쓰는 표현으로 어미를 올려서 말한다.

이 밖에 되묻는 표현으로는 ¿Perdón? 뻬르돈 ↗ 이나 Otra vez, por favor. ↗ 오뜨라 베스, 뽀르 파보르 ↗ 와 같은 표현도 많이 쓴다.

처음 만났을 때의 인사

Encantado.	Encantada.	Mucho gusto.
엔깐따도	엔깐따다	무초 구스또
처음 뵙겠습니다.	처음 뵙겠습니다.	처음 뵙겠습니다.

자신이 남성	자신이 여성	남·여 모두 가능
남자들끼리의 경우는 악수를 한다	여성들끼리의 경우는 키스를 한다. (뺨을 맞춘다)	남·여의 경우도 키스를 한다. (뺨을 맞춘다)

Un Besito 운 베씨-또   가벼운 키스

처음 만났을 때의 인사뿐만이 아니라, 언제나 학교나 회사 등에서 만나는 친구들 사이에라도, 길가에서 딱 마주쳤다거나, 저녁 파티에서 만났다거나, 긴 휴가의 전·후 (前·後)등의 상황에서 는, 위에서처럼 악수나, 키스 등의 인사를 한다. 키스는 좌, 우로 2회를 번갈아 한다. (남미에서는 오른쪽만 1회)

Ⅳ 부탁

> **Por favor.** 부탁합니다.
> 뽀르 파보르

영어의 please와 같으나, please보다는 훨씬 다양하게 편리하게 쓸 수 있는 표현이다. 어떤 표현을 하고 나서 por favor 뽀르 파보르를 붙여 사용하는 경우도 많다.

 ¿Te ayudo? — 도와줄까?
떼 아유도

Sí, por favor. — 예, 부탁합니다. (도와 주십시오.)
씨, 뽀르 파보르

Un café, por favor. — 커피 한 잔 부탁합니다.(주십시오.)
운 까페, 뽀르 파보르

》 **favor** 파보르 | por 뽀르 와 함께 쓰여 부탁할 때, Por, favor 뽀르, 파보르 로 사용한다.
　 호의, 도움

> **Un momento.** 잠시만 (기다려 주십시오)
> 운 모멘또

뒤에 por favor 뽀르 파보르를 붙여 Un momento, por favor. 운 모멘또, 뽀르 파보르 라고 하면 보다 정중한 표현이 된다. 이 말은 원래 Espere un momento, (por favor). 에스뻬레 운 모멘또, (뽀르 파보르) 로 Espere 에스뻬레 를 생략해도 무방하다.

 Vino, por favor! — 와인 주십시오!
비노, 뽀르 파보르

Un momento. — 잠시만 기다려 주세요.
운 모멘또

》 **espere** 에스뻬레 | 동사 esperar 에스뻬라로 '기다리다'의 3인칭 단수 명령형
　 기다리세요

Ⅴ 기타

 **말을 걸 때, 전화걸 때**

> ¡Oiga(por favor)! / ¡Oye!　　여보세요. / 이것 보세요.
> 오이가 (뽀르 파보르)　　 / 　오예

<mark>말을 걸 때 쓰는 표현이다.</mark> por favor 뽀르 파보르는 특별히 정중하게 말하는 것이 아니라면 생략해도 된다. Oye 오예는 친한 사이에서 '이 봐, 잠깐만'처럼 가벼운 느낌으로 사용한다.

<mark>Oiga 오이가 는 전화를 걸 때 '여보세요'라는 의미이다.</mark> 전화를 받는 사람은 Diga. 디가, 길을 물을 때 혹은 처음 만나는 사람에게 말을 걸 때에는 Oiga. 오이가 / Oye. 오예라고 해도 된다. 단, 먼저 Buenos dias 부에노스 디아스 혹은 Buenas tardes 부에나스 따르데스 등과 같이 인사말을 하고 물으면 좋다.

전화 받을때　　¡Diga!　여보세요. (말씀하세요.)
　　　　　　　　　디가

전화 걸 때　　Oiga! ¿Puedo hablar con María?
　　　　　　　　　오이가!　뿌에도 아블라르 꼰 마리아
　　　　　　　　　여보세요. 마리아와 통화할 수 있습니까?

 **기타**

> ¡Vamos!　　아아! (놀람, 기쁨)
> 바모스

놀라거나 기쁨의 표현이다.

> ¡Vaya!　　이런!
> 바야

실수하거나 실망감을 나타낸다.

¡Viva / ¡Hombre! / ¡Ánimo!
비바 / 옴브레 / 아니모

만세! / 와! / 화이팅!

환호성을 나타낸다.

¡Cállate!
까야떼

조용히 해!

¡Vete!
베떼

나가있어!, 가버려!

실수하거나 실망감을 나타낸다.

¡Socorro!
소꼬르로

도와줘!

긴급하게 남에게 도움을 필요로 할 때의 표현이다.

03

본문
실전 회화

스페인에서 현재 사용되는 회화문을 위주로 구성하였다. 또한 간단하고 쉬운 문장들로만 구성하여, 처음 배우는 왕초보자들도 누구나 쉽게 따라할 수 있다.

01 | 안녕하세요.
Buenos días.

La profesora

Buenos días, muchachos.
부에노스 디아스, 무차쵸스

Los estudiantes

Buenos días, señora.
부에노스 디아스, 세뇨라

¿Cómo están ustedes?
꼬모 에스딴 우스떼데스?

Muy bien, gracias.
무이 비엔, 그라시아스
¿y usted?
이 우스뗄

Muy bien, gracias.
무이 비엔, 그라시아스

안부인사 : 선생님과 학생들이 오랫만에 만나서 서로 안부를 묻습니다. 잘 들어보세요!

해석

▶	선생님	여러분, 안녕하세요.
	학생들	선생님, 안녕하세요.
	선생님	잘 지내요?
	학생들	매우 좋아요, 감사합니다. 선생님은요?
	선생님	덕분에 아주 좋아요.

Track 03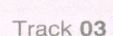

	buenos días 부에노스 디아스	안녕(하세요) » 아침인사
ⓜ	el muchacho 엘 무차쵸	어린이, 소년
ⓜ	el señor 엘 세뇨르	~님, ~씨
ⓜ·ⓕ	el(la) profesor(a) 엘(라) 쁘로페소르(라)	교수, 선생님 / (여자)교수
	cómo 꼬모	어떻게
ⓥ	están	estar 에스따르 있다의 3인칭 복수 현재형
	usted 우스뗃	당신
	y 이	그리고
ⓐⓓ	muy 무이	대단히, 아주
ⓐⓓ	bien 비엔	잘, 훌륭히, 꽤
	gracias 그라시아스	감사합니다

머리에 쏙 들어오는 해설

 **Buenos días** 아침인사   안녕하세요

영어의 Good morning 과 같다. 아침·점심·저녁에 따라 인사말이 다르다.
Buenos días 부에노스 디아스아침인사, **Buenas tardes** 부에나스 따르데스는 점심인사로 헤어지면서 사용하면 '좋은 오후 되세요.' 라는 뜻이다. 또한 만날때도 사용가능하다. **Buenas noches** 부에나스 노체스는 저녁시간부터 밤까지 만나거나 헤어질 때 쓰는 인사말이다.

 **los Muchachos**   소년들, 아이들

모든 명사는 남성, 여성으로 구분된다. 대부분 남성명사는 -o 로, 여성명사는 -a 로 끝난다. 또, 단수 명사에 -s 혹은 -es 를 붙이면 복수가 된다.

남성명사 -o	여성명사 -a

단수   남성명사 -o
el muchach**o** 엘 무챠쵸   소년
el niñ**o** 엘 니뇨   남자 아이, 어린이

단수   여성명사 -a
la muchach**a** 라 무챠챠   소녀
la niñ**a** 라 니냐   여자 아이

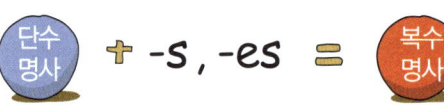

복수   남성명사 -s
los muchach**os** 로스 무챠쵸스 소년들
los niñ**os** 로스 니뇨스   남자 아이들, 어린이들

복수   여성명사 -s
las muchach**as** 라스 무챠챠스 소녀들
las niñ**as** 라스 니냐스   여자 아이들

¿Cómo estáis?   (선생님이 학생들에게 안부를 묻는 경우) **어떻게 지내요?**

에스따르
estar 동사 = 영어의 be동사   ~하다, ~이 있다

영어의 How are you? 와 같으며 건강 상태, 기분이 어떤지 등을 물을 때 사용하는 표현이다. 동사는 주어의 인칭에 따라 변하는데 주어가 ustedes이므로 3인칭 복수형인 están이 온 것이다.

están에스딴은 estar에스따르 ~하다, ~이 있다 동사의 3인칭 현재복수형이다.
estar에스따르 동사는 영어의 be동사에 해당하며 주어의 상태나 존재장소등을 나타낸다.

Muy bien, gracias   **아주 좋습니다. 감사합니다.**

¿Cómo están ustedes? 꼬모 에스딴 우스떼데스에 대한 대답으로, Muy bien, gracias 무이 비엔, 그라시아스 아주 좋습니다. 감사합니다. 라고 한다. 영어의 Fine, thank you 와 같다.

원래는 Estamos muy bien, gracias. 에스따모스 무이 비엔, 그라시아스이나, 동사 estamos 에스따모스 estar의 1인칭 복수 현재형를 생략하는 경우가 많다.

¿Y usted?   **(그럼), 당신은요?**

y이 는 그리고, usted 우스뗃 은 당신이란 뜻이다. 스페인어는 영어와는 달리 usted 우스뗃 당신이라는 존칭어가 있다.

tú뚜 는 너, usted 우스뗃은 당신의 2인칭이지만, usted 우스뗃의 동사변화는 3인칭 변화를 한다.

여러가지 존칭 표현

señor 쎄뇨르 남자의 이름이나 직함에 붙여서 ~님, ~씨을 표시하며 직접 마주보며 부를 때는 정관사 el을 생략한다. señora 쎄뇨라, señorita 쎄뇨리따노 마잔가지로 la 라 를 생략한다.

señor 쎄뇨르 님, 씨
남자에 대한 경칭, 약어는 Sr.

señora 쎄뇨라 부인
기혼여성에 대한 경칭, 약어는 Sra.

señorita 쎄뇨리따 아가씨
미혼여성에 대한 경칭, 약어는 Srta.

usted 우스뗄 당신
약어로는 Ud. 혹은 Vd. 로 쓴다.

▶ usted 우스뗄 의 복수형은 ustedes 우스떼데스 당신들, 약어로는 Uds. 혹은 Vds.로 쓴다.

예) **El señor Kim enseña español.**
엘 쎄뇨르 김 엔쎄냐 에스빠뇰

김선생님(지칭할 때)은 스페인어를 가르치신다.

▶ enseña 엔쎄냐 그는 가르친다 》 enseñar 가르치다 의 3인칭 단수 현재형
el español 엘 에스빠뇰 》 스페인어, 스페인사람

Buenos días, señor Manuel.
부에노스 디아스, 쎄뇨르 마누엘

마누엘씨(직접 마주 보며 부를때), 안녕하세요.

간단히 알고 넘어가는 명사의 성과 수

:: 명사의 성
모든 명사에는 성이 있고, 단수와 복수로 나뉜다.

❶ 사람과 동물의 경우에는 본래의 성과 일치한다.

남성명사	여성명사
el padre 엘 빠드레 아버지	la madre 라 마드레 어머니

❷ 기타의 명사는 어미로 구분하는 데, -a, -d, -z, -ie, -umbre, -ción, -tión, -xión으로 끝나는 명사는 여성명사, -o를 비롯한 기타문자로 끝나는 명사는 남성명사이다.

남성명사	여성명사
el oro 엘 오로 금	la moneda 라 모네다 동전
el bosque 엘 보스께 숲	la amistad 라 아미스땃 우정
el amor 엘 아모르 사랑	la acción 라 악씨온 행동
el animal 엘 아니말 동물	la televisión 라 뗄레비씨온 텔레비전

예외

[남성명사] 》 그리스어에서 나온 명사 — el dia 날짜   el clima 기후   el mapa 지도

[여성명사] la mano 손   la flor 꽃

:: 명사의 단수와 복수

❶ 모음으로 끝나는 명사 뒤에는 -s를 붙인다

-모음 + -s

예) la carta 라 까르따 편지 ▶ las cartas 라스 까르따스 편지들
    el muchacho 엘 무챠쵸 소년 ▶ los muchachos 로스 무챠쵸스 소년들

❷ 자음으로 끝나는 명사 뒤에는 -es를 붙인다

-자음 + -es

예) el hotel 엘 오뗄 호텔 ▶ los hoteles 로스 오뗄스   호텔
    el rey 엘 레이 왕 ▶ los reyes 로스 레이스왕들

❸ -c로 끝나는 명사는 -c를 -qu로 바꾼 후, -z로 끝나는 명사는 -z를 -c로 바꾼 후 -es를 붙인다.

-c + -ques
-z + -ces

예) el frac 엘 쁘락 연미복 ▶ los fraques 로스 쁘라께스 연미복들
    el lápiz 엘 라삐스 연필 ▶ los lápices 로스 라삐쎄스 연필들

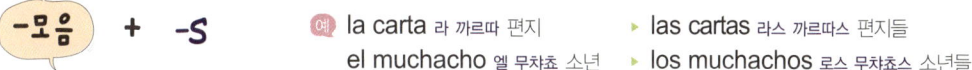

항상 복수로만 사용 — las gafas 안경   los pantalones 바지   las tijeras 가위   los zapatos 구두

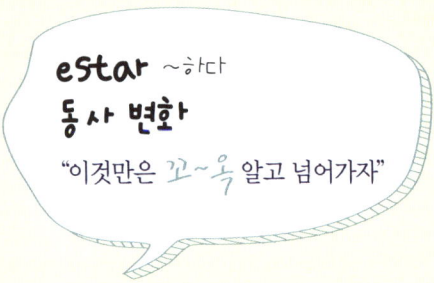

estar동사의 불규칙변화

영어의 be동사에 해당하는 말은 estar 에스따르 동사와 ser 세르 동사가 있는데, 여기서는 존재·상태·일시적 상황 등을 나타낼 때 사용하는 estar 에스따르 동사의 변화에 대해 알아보자.

$$estar \equiv 영어의\ be동사 \quad \sim 하다, \sim 이\ 있다$$

★ estar 에스따르 ~하다, ~이 있다

단수		
Yo 요	나	estoy 에스또이
Tú 뚜	너	estás 에스따스
Usted 우스뗄	당신	
Él 엘	그	está 에스따
Ella 에야	그녀	

복수		
Nosotros 노소뜨로스	우리들	estamos 에스따모스
Vosotros 보소뜨로스	너희들	estáis 에스따이스
Ustedes 우스떼데스	당신들	
Ellos 에요스	그들	están 에스딴
Ellas 에야스	그녀들	

예 A: ¿Cómo está él / ella?
꼬모 에스따 엘/ 에야
그 / 그녀는 어떻게 지냅니까?,
잘 지냅니까?

A: ¿Cómo estáis vosotros?
꼬모 에스따이스 보소뜨로스
너희들 잘 지내니?

B: Estamos muy bien.
에스따모스 무이 비엔
(우리는) 매우 잘 지냅니다.

¿Cómo estás tú?
꼬모 에스따스 뚜
너 잘 지내니?

Yo estoy bien.
요 에스또이 비엔
나는 잘 지내고 있어.

여러가지 표현

인사말

Buenos días.
부에노스 디아스

안녕하세요. 【 아침인사 】

Buenos días, señor.
부에노스 디아스, 세뇨르

안녕하세요. [아침인사]

Buenas tardes.
부에노스 따르데스

안녕하세요. [점심인사]

Buenas noches.
부에노스 노체스

안녕하세요.(안녕히 주무세요) [저녁인사]

Hasta luego.
아스따 루에고

또 만납시다.

Adiós. 안녕히 계십시오.[가십시오]
아디오스

¿Cómo le va? / ¿Qué tal?
꼬모 레 바 / 께 딸

안녕하세요? 어떻게 지내세요?

A : ¿Cómo le va? 어떻게 지내세요?
꼬모 레 바

B : Todo va bien. 모든게 좋습니다.
또도 바 비엔

¡Hola!
올라

안녕!

영어의 Hi 와 같이 언제 어디서나 사용할 수 있는 인사말이다.

02

저는 마누엘 산체스입니다.
Yo soy Manuel Sánchez.

Luisa

Oiga, ¿es usted el señor Sánchez?
오이가, 에스 우스뗃 엘 세뇨르 산체스

Manuel

Sí, yo soy Manuel Sánchez.
씨, 요 소이 마누엘 산체스

¿Quién es usted?
끼엔 에스 우스뗃

Yo soy Luisa Cruz.
요 소이 루이사 끄루스

¡Adelante!
아델란떼

해석

▶	루이사	여보세요. 당신이 산체스씨입니까?
	마누엘	예, 제가 마누엘 산체스입니다. 당신은 누구십니까?
	루이사	저는 루이사 끄루스라고 합니다.
	마누엘	들어오세요.

Track 04

단어

- v **es** 에스 당신은 ~이다 》 **ser** 세르 ~이다 의 3인칭 단수 현재형
- **el** 엘 일반적으로 남성단수명사 앞에 붙는 정관사
- v **soy** 소이 나는 ~이다 》 **ser** 세르 ~이다의 1인칭 단수 현재형
- **quién** 끼엔 누구 》 사람에 관한 의문대명사
- **adelante** 아델란떼 들어오세요

머리에 쏙 들어오는 해설

Oiga　　　　　　　　　　　　　　　　여보세요!

oir 오이르 듣다의 명령형으로, 우리말로는 여보세요 정도로 해석하면 된다. 처음 보는 사람에게 길 등을 물을 때, 전화를 걸 때 쓰인다.

¿Es usted el señor Sánchez?　　당신이 산체스씨입니까?

의문문은 순서와 상관없지만, 일반적으로 **동사+주어**의 순으로 되어 있으며, 의문문 전후에 의문부호 ¿.....? 를 표시한다. 위의 의문문을 평서문으로 바꾸면, Usted es el señor Sánchez. 우스뗏 에스 엘 세뇨르 산체스 가 된다.

문장의 어순

1. 긍정문

요	소이	마누엘 산체스
Yo	+ soy +	Manuel Sánchez.
나는	~입니다.	마누엘 산체스

2. 의문문　❶ 의문문은 일반적으로 **동사 + 주어**의 형태로 이루어진다. ⇨ 어순상관없다 (어순이 자유로움)

에스	우스뗏	엘 세뇨르 김
Es	+ usted +	el señor Kim
~입니까?	당신은	김씨

▶ el 엘 남자를 가리키는 관사

　　　　아블라스 뚜 에스빠뇰
(예) ¿Hablas tú español?　　너는 스페인어를 할 줄 아니?

❷ 의문사를 이용한 의문문은 **의문사 + 동사 + 주어**의 순서로 이루어진다.

끼엔		에스		에야
Quién	+	es	+	ella
누구		~입니까?		그녀는

에야 에스 미 에르마나
예) Ella es mi hermana.   그녀는 제 누이입니다.

▶ la hermana 라 에르마나 자매, 누나, 언니, 여동생
　el hermano 엘 에르마노 형제, 형, 오빠, 남동생

의문사

께 qué	무슨, 무엇	끼엔 quién	누구
꼬모 cómo	어떻게	꾸안도 cuándo	언제
꾸안또 cuánto	얼마나, 얼마만큼	돈데 dónde	어디서
뽀르 께 por qué	왜	꾸알 cuál	어느 것

57

Yo soy 　　　　　　　　　　　　　　　　　　　　나(저)는 ~입니다.

soy 소이 는 ser 세르 동사의 1인칭 단수형으로 ser 세르 동사 다음에는 이름, 직업 등이 온다.

   p59 참고

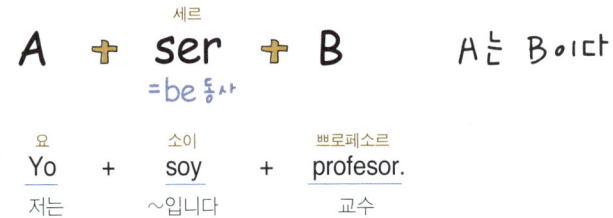

요　　　　소이　　　　쁘로페소르
Yo　+　soy　+　profesor.
저는　　　~입니다　　　교수

　예　Yo soy Manuel Sánchez.　　　저는 마누엘 산체스입니다.
　　　요　소이　마누엘　산체스

 **¡Adelante!** 　　　　　　　　　　　　　　　　　들어오십시오.

Adelante 아델란떼 는 원래 앞으로, 앞에, 전방에 등의 뜻이며 먼저 가십시오, 먼저 타십시오, 먼저 하십시오. 와 같이 양보를 할 때도 사용한다.

 Sí / No 　　　　　　　　　　　　　　　　　　　예 / 아니오

대답은,　긍정 ○ Sí　＋　동사　　영어와 달리 조동사가 필요없다.
　　　　　부정 × No

　예　A: ¿Es usted español?　　　　당신은 스페인사람입니까?
　　　　　에스 우스뗃 에스빠뇰

　　　B: Sí, (yo) soy español.　　　　예, (저는) 스페인사람입니다.
　　　　　씨, (요) 소이 에스빠뇰

　　　　　No, (yo) no soy español.　아닙니다. (저는) 스페인사람이 아닙니다.
　　　　　노, (요) 노 소이 에스빠뇰

　　　　　Soy coreano.　　　　　　　저는 한국인입니다.
　　　　　소이 꼬레아노

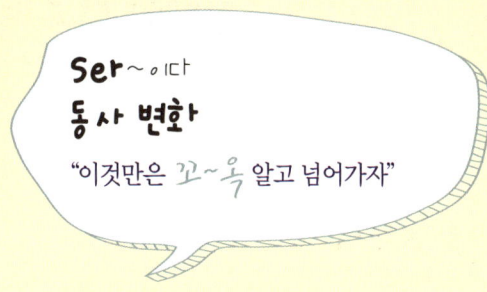

ser동사의 불규칙변화

ser동사는 영어의 be동사와 마찬가지로 주어의 성질·직업·국적등을 나타내며, 이때에는 관사를 생략한다. 이에 반해 estar동사 ▶ p52 참고 는 주어의 상태나 존재 등을 나타낸다.

ser 세르 = 영어의 be동사   ~이다, ~이 있다

★ ser 세르 ~이다, ~이 있다

단수				복수			
Yo 요	나	soy	소이	Nosotros 노소뜨로스	우리들	somos	소모스
Tú 뚜	너	eres	에레스	Vosotros 보소뜨로스	너희들	sois	소이스
Usted 우스뗃	당신			Ustedes 우스떼데스	당신들		
Él 엘	그	es	에스	Ellos 에요스	그들	son	손
Ella 에야	그녀			Ellas 에야스	그녀들		

예) **Yo soy Juan.** 저는 후안입니다.
요 소이 후안

Tú eres estudiante. 너는 학생이다.
뚜 에레스 에스뚜디안떼
▶ el estudiante 엘 에스뚜디안떼 학생(고교, 대학생)

Él es profesor. 그는 교수이다.
엘 에스 쁘로페소르
▶ el(la) profesor(a) 엘(라) 쁘로페소르(라) 교수(여교수)

Ellas son japonesas. 그녀들은 일본인들이다.
에야스 손 하뽀네사스

Uds. son colombianos. 당신들은 콜롬비아인이다.
우스떼데스 손 꼴롬비아노스

간단히 알고 넘어가는 관사

:: 정관사 ··· 영어의 the

스페인어의 모든 명사는 남성과 여성으로 구분되며 각 명사 앞에는 관사가 붙는다.

단수	복수
남성 el 엘	los 로스
여성 la 라	las 라스

❶ 정관사는 명사의 성, 수에 일치한다.

예) el libro   (그)책   los libros (그)책들   ▶ el libro 책
    엘 리브로   로스 리브로스

    la casa   (그)집   las casas (그)집들   ▶ la casa 집
    라 까사   라스 까사스

❷ a나 ha로 시작되는 여성 명사가 a나 ha에 강세가 있을 경우에는 la 대신 남성관사 el을 사용한다. 이는 발음의 혼돈을 피하기 위한 것이다. 단수일때만

:: 부정관사 .... 영어의 a/an

❶ 부정관사도 명사의 성과 수에 일치한다.

예	**un libro** 한 권의 책, 어떤 책	**unos libros** 몇 권의 책, 어떤 책들
	운 리브로	우노스 리브로스
	una casa 한 채의 집, 어떤 집	**unas casas** 몇 채의 집, 어떤 집들
	우나 까사	우나스 까사스

❷ 정관사와 마찬가지로 a나 ha로 시작하는 여성 명사가 a나 ha에 강세가 있을 때 부정관사도 una 대신 un을 사용한다. 단수일때만

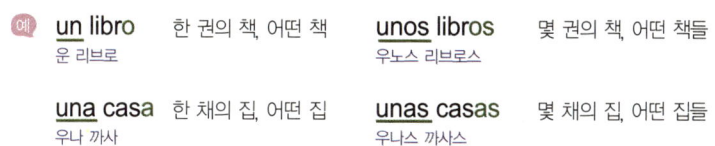

예외 **un** + 여성명사 ------- a또는 ha에 강세가 있을 때

예 una águila(×) ➡ **un águila** 독수리 한마리
    우나 아길라   운 아길라

unas águilas 독수리 몇 마리
우나스 아길라스

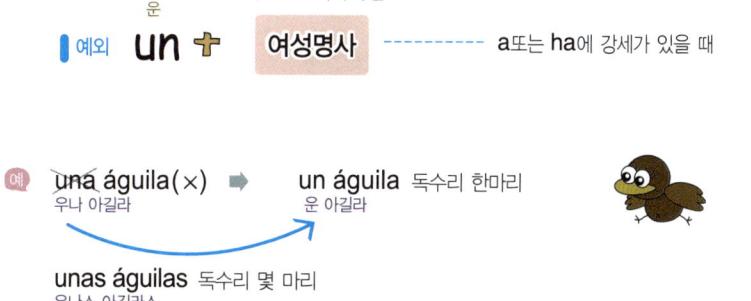

03 (저는) 마드리드 출신입니다.
Soy de Madrid.

Luis

Éste es el Sr. Manuel Sánchez.
에스떼 에스 엘 세뇨르 마누엘 산체스

Manuel

Encantado.
엔깐따도

¿Cómo se llama usted, señorita?
꼬모 세 야마 우스뗃, 세뇨리따

Linda

Me llamo Linda Torres.
메 야모 린다 또레스

Encantada.
엔깐따다

¿De dónde es usted, señor Sánchez?
데 돈데 에스 우스뗃, 세뇨르 산체스

Yo soy de Madrid. Soy español.
요 소이 이 데 마드리드. 소이 에스빠뇰

이름 / 출신 : 서로 이름과 출신에 대해 이야기합니다. 잘 들어보세요!

해석

▶	루이스	이 사람은 마누엘 산체스씨입니다.
	마누엘	반갑습니다. 아가씨 이름은 무엇입니까?
	린다	제 이름은 린다 또레스입니다.
		반갑습니다.
		산체스씨, 당신은 어디 출신입니까?
	마누엘	저는 마드리드 출신입니다.
		스페인사람입니다.

Track 05

단어

éste 에스떼   이것, 이 분(사람) 》 지시대명사

 se llama 세 야마   당신은 ~이라고 불립니다, 당신 이름은 ~입니다
llamarse 야마르세 ~라는 이름이다의 3인칭 단수 현재형
llamar 는 전화를 걸다라는 뜻도 있다

 el español 엘 에스빠뇰   스페인 사람, 스페인어   cf) la española   스페인 여자

머리에 쏙 들어오는 해설

01. Éste es — 이 사람(분), 이것은 ~이다.

éste 에스떼 는 지시대명사(남성)로, 여성의 경우에는 ésta 에스따 를 사용한다.
남성과 여성을 함께 지칭할 때는 남성형 복수인 éstos 에스또스 를 쓴다.

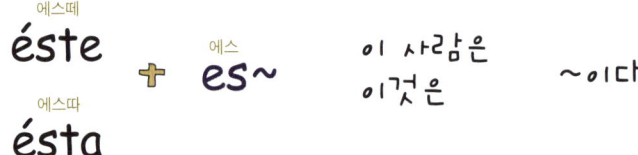

예)
Ésta es María.
에스따 에스 마리아
이 사람은 마리아입니다.

Éste es el señor Fernando.
에스떼 에스 엘 세뇨르 페르난도
이 분은 페르난도씨입니다.

지시대명사

	남성		여성		중성	
	단수	복수	단수	복수	단수	복수
이것 this 말하는 사람 가까이 있는 것	éste 에스떼	éstos 에스또스	ésta 에스따	éstas 에스따스	esto 에스또	
그것 it 듣는 사람 가까이 있는 것, 이미 말한 것	ése 에세	ésos 에소스	ésa 에사	ésas 에사스	eso 에소	
저것 that 둘에게서 멀리 있는 것	aquél 아껠	aquéllos 아께요스	aquélla 아께야	aquéllas 아께야스	aquello 아께요	

》 중성 대명사는 지시 받는 대상의 성을 모를 때 사용한다.

 **Encantado** (만나서) 반갑습니다.

말하는 사람이 남성인 경우에는 encantado 엔깐따도를, 여성인 경우에는 encantada 엔깐따다를 사용한다. 이 표현은 어떤 사람을 처음 소개받았을 때 처음 뵙겠습니다 의 의미로 쓰는 말이다.

Mucho gusto. 무초 구스또 (en conocerle a usted엔 꼬노쎄를레 아 우스뗃) 도 같은 뜻이다.

예 Claudia, éste es el Sr. Fernando.
끌라우디아, 에스떼 에스 엘 세뇨르 페르난도
끌라우디아, 이분은 페르난도씨야.

Encantada, Sr. Fernando. Me llamo Claudia.
엔깐따다, 세뇨르 페르난도, 메 야모 끌라우디아
처음뵙겠습니다, 페르난도씨. 저는 끌라우디아라고 합니다.

Encantado.
엔깐따도
반갑습니다.

 **¿Cómo se llama usted?** 당신의 이름은 무엇입니까?

상대방의 이름을 물어볼 때 사용한다. cómo 꼬모는 어떻게 라는 뜻의 의문사이고, se llama 세 야마 는 llamarse 야마르세 이름이 ~이다 동사의 3인칭 단수 현재형이다. 당연히 주어에 따라 동사가 변화한다.

예 ¿Cómo te llamas (tú)? 네 이름은 뭐니?
꼬모 떼 야마스 (뚜)

Me llamo Mario Valencia. 제 이름은 (저는) 마리오 발렌씨아라고 합니다.
메 야모 마리오 발렌씨아

(Yo) Me llamo José. 저는 호세라고 합니다.
(요) 메 야모 호세

¿Cómo se llaman Uds.? 당신들의 이름은 무엇입니까?
꼬모 세 야만 우스떼데스

llamarse 동사의 규칙변화

규칙변화 동사로 어미 -ar대신에 -o, -as, -a, -amos, -áis, -an을 붙여 현재형을 만든다.

★ **llamarse** 야마르세 이름이 ~이다, ~이라고 불리다
어간 어미
→ 재귀동사형 어미 : 재귀동사의 경우 목적어를 나타내는 대명사도 함께 외우도록 하자!

= 영어의 Y발음과 같다.

단수		복수	
me llam**o** 메 야모	제 이름은 ~입니다	nos llam**amos** 노스 야마모스	우리들 이름은 ~입니다
te llam**as** 떼 야마스	너의 이름은 ~이다	os llam**áis** 오스 야마이스	너희들 이름은 ~이다
se llam**a** 세 야마	당신(그,그녀)이름은 ~입니다	se llam**an** 세 야만	당신들 이름은 ~입니다

❓ -ar 동사의 규칙변화 ▶ p76 참고 에서 자세히 알아보도록 하고 여기서는 동사변화만 알아 두도록 하자

 ¿De dónde es usted?   당신은 어디 출신입니까?

출신을 말할 때에는 **동사 ser + 전치사 de + 지명** ~출신이다 로 표시하며, 지명 대신에 국가명을 넣으면 국적을 나타낸다.

예 ¿De dónde es usted?   당신은 어디 출신입니까?
데 돈데 에스 우스뗃

Soy de Nueva York.   저는 뉴욕 출신입니다.
소이 데 누에바 욜크

주격을 나타내는 1인칭 대명사 yo요는 대부분 생략한다.

¿De dónde es usted?   당신은 어디 출신(어느 나라 국적)입니까?
데 돈데 에스 우스뗃

Soy de México. Soy mexicano.   저는 멕시코 국적입니다. 멕시코인입니다.
소이 데 메히꼬 소이 메히까노
→ de+국가명 대신 국가명의 형용사형을 쓸 수 있다.
Soy de Corea. = Soy coreano.   저는 한국인 입니다.

국적

España 에스빠냐
스페인

예) el español 엘 에스빠뇰   스페인사람
la española 라 에스빠뇨라   스페인 여자

Corea 꼬레아
한국

el coreano 엘 꼬레아노   한국사람
la coreana 라 꼬레아나   한국 여자

Japón 하뽄
일본

예) el japonés 엘 하뽀네스   일본사람
la japonésa 라 하뽀네사   일본 여자

에스따도스 우니도스
Estados Unidos
미국

el americano 엘 아메리까노   미국사람
la americana 라 아메리까나   미국여자

언어앞에는 남성 정관사 el을 쓴다. 국명의 첫글자는 대문자로 쓰지만, 언어명의 첫글자는 영어와 달리 소문자로 표기한다.

el + 국명 = 언어

Corea 한국 꼬레아	▶	el coreano 엘 꼬레아노	한국어
China 중국 치나	▶	el chino 엘 치노	중국어
Inglés 영국 잉글레스	▶	el inglés 엘 잉글레스	영어

전치사 de

전치사 de데는 **출신 및 장소**를 나타내거나, **소유, 재료** 등을 표현하며, 명사 앞에 사용한다.

de + 명사
❶ 출신 및 장소
❷ 소유, 재료

Soy de Seúl.
소이 데 세울
저는 서울 출신입니다.

▶ de Seúl 데 세울 서울 출신의

el lápiz de Manuel
엘 라삐스 데 마누엘
마누엘의 연필

▶ el lápiz 라삐스 연필

el reloj de oro
엘 렐로흐 데 오로
금으로 된 시계

▶ el reloj 렐로흐 시계 / el oro 오로 금

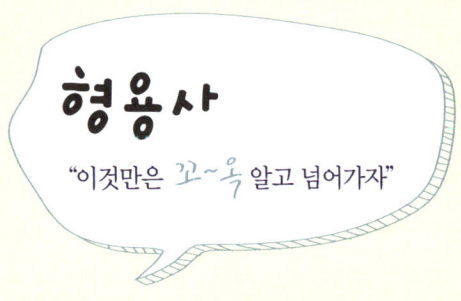

형용사
"이것만은 꼬~옥 알고 넘어가자"

형용사

형용사는 명사를 직접 수식하거나 보어로 쓰일 경우, 수식하는 명사의 성·수에 에 따라 어미가 변한다. 형용사의 위치는 대체로 명사의 뒤에 놓인다.

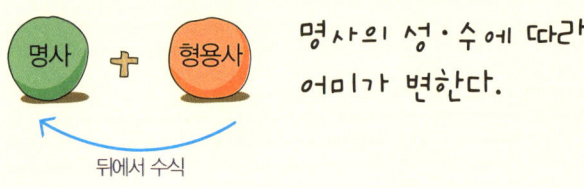

예) el libro nuevo 엘 리브로 누에보　　　새 책　　la casa nueva 라 까사 누에바　　새 집
　　los libros nuevos 로스 리브로스 누에보스　새 책들　las casas nuevas 라스 까사스 누에바스　새 집들

❶ -o로 끝나는 형용사는 여성일 경우 어미 -o가 -a로 바뀌며, 복수형일 때는 -s를 붙인다.

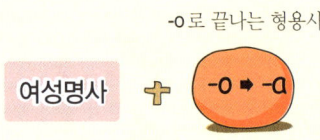

	단수 형용사 어미	복수 형용사 어미
남성	-o	-os
여성	-a	-as

❷ -o이외의 문자로 끝나는 대부분의 형용사는 <mark>남성형과 여성형이 같고</mark>, 복수형일 때는 -es를 붙인다.

-o이외의 문자로 끝나는 형용사

 =

인떼레산떼   인떼레산떼
interesante   **interesante**

예) el libro interesante   재미있는 책   la película interesante   재미있는 영화
엘 리브로 인떼레산떼   라 뻴리꿀라 인떼레산떼

los libros interesantes   재미있는 책들   las películas interesantes   재미있는 영화들
로스 리브로스 인떼레산떼스   라스 뻴리꿀라스 인떼레산떼스

기본 형용사

nuevo 누에보 새로운
antiguo 안띠구오 오래된

grande 그란데 큰
pequeño 뻬께뇨 작은

alto 알또 키가 큰, 높은
bajo 바호 키가 작은, 낮은

pobre 뽀브레 가난한, 불쌍한
rico 리꼬 부유한

fácil 파씰 쉬운
difícil 디피씰 어려운

69

04 ¿Qué hace tu esposa?

자네 부인은 무슨 일을 하지?

Luis

¿Qué hace tu esposa, Manuel?
께 아쎄 뚜 에스뽀사, 마누엘

Manuel

Ella trabaja en una agencia de viajes.
에야 뜨라바하 엔 우나 아헨씨아 데 비아헤스

Su oficina está cerca de aquí.
수 오피씨나 에스따 쎄르까 데 아끼

¡Qué bien!
께 비엔!

Mi esposa es maestra.
미 에스뽀사 에스 마에스뜨라

La escuela está lejos de aquí.
라 에스꾸엘라 에스따 레호스 데 아끼

직업 : 마누엘의 부인 직업에 대해 이야기합니다. 잘 들어보세요!

해석

루이스   마누엘, 자네 부인은 무슨 일을 하지? (직업이 무엇이지?)

마누엘   여행사에 근무해.
           사무실이 이 근처에 있어.

루이스   좋겠구나!
           내 부인은 선생님이야.
           학교가 여기서 멀어.

Track 06

- ⓥ **hace** 아쎄   ~을 한다 » **hacer** 아쎄르 ~을 하다의 3인칭 단수 현재형
- ⓕ **la esposa** 라 에스뽀사   아내, 부인
- ⓥ **trabaja** 뜨라바하   일한다 / 근무한다 » **trabajar** 뜨라바하르 일하다 의 3인칭 단수 현재형
-     **en** 엔   (시간, 장소의 범위를 표시함) ~에, 에서, ~의 안에
-     **su** 수   그의, 그녀의, 당신의 » 3인칭 소유대명사
- ⓕ **la oficina** 라 오피씨나   사무실
- ⓐⓓ **cerca** 쎄르까   가까이, 가까이에
- ⓕ **la maestra** 라 마에스뜨라   (여자)선생님
- ⓕ **la escuela** 라 에스꾸엘라   학교
- ⓐⓓ **lejos** 레호스   [+ de] ~에서 멀리, 멀리 떨어져

머리에 쏙 들어오는 해설

¿Qué hace?　　　무엇을 합니까? 직업이 무엇입니까?

직업이나 신분을 나타내는 표현이다.

¿Qué hace?~　　무엇을 합니까?

예　¿Qué es su esposo?　　당신 남편은 무엇을 합니까? (직업이 무엇입니까?)
께 에스 수 에스뽀소
▶ es 에스 》 ser의 3인칭 단수형
el esposo 엘 에스뽀소 남편

Él es médico.　　의사입니다.
엘 에스 메디꼬

동사 hacer아쎄르 대신 ser세르를 써도 같은 표현이 된다.

예　¿Qué hace usted?　　당신은 무엇을 합니까?
께 아쎄 우스뗄
= ¿A qué se dedica?　　직업이 무엇입니까?
아 께 쎄 데디까

Soy empleado.　　저는 회사원입니다.
소이 엠쁠레아도

hacer동사의 불규칙변화

Hacer 아쎄르 동사의 변화에 대해 알아보자. 동사 hacer아쎄르 ~하다는 불규칙하게 변화하므로, 나올때 외워두도록 하자. 1인칭 단수에서만 불규칙변화한다.

★ **hacer** 아쎄르 ~하다

단수				복수			
Yo	요	나	**hago** 아고	Nosotros	노소뜨로스	우리들	**hacemos** 아쎄모스
Tú	뚜	너	**haces** 아쎄스	Vosotros	보소뜨로스	너희들	**hacéis** 아쎄이스
Usted	우스뗄	당신	**hace** 아쎄	Ustedes	우스떼데스	당신들	**hacen** 아쎈
Él	엘	그		Ellos	에요스	그들	
Ella	에야	그녀		Ellas	에야스	그녀들	

직업

엘(라) 쁘로페소르
el(la) profesor(a) 교수

엘 에스뚜디안떼
el estudiante 학생

엘 메디꼬
el médico 의사

엘(라) 아보가도(다)
el(la) abogado(a) 변호사

엘/라 딱시스따
el/la taxista 택시기사

엘/라 뻬리오디스따
el/la periodista 신문기자

엘 악또르
el actor 남자배우

라 악뜨리쓰
la actriz 여배우

 **trabaja** — 그는(그녀는) 일하다. 근무하다.

trabaja 뜨라바하는 trabajar 뜨라바하르 일하다 동사의 3인칭 단수 현재형이다.

Ella trabaja en el banco.
에야 뜨라바하 엔 엘 방꼬
그녀는 은행에서 일합니다.

Luis trabaja en la oficina.
루이스 뜨라바하 엔 라 오피씨나
루이스는 사무실에 근무합니다.

trabajar 동사의 규칙변화

어미가 -ar로 끝나는 규칙동사로 어미가 -o, -as, -a, -amos, -áis, -an으로 바뀐다.

▶ p76 참고

★ **trabajar** 뜨라바하르 일하다, 근무하다

단수				복수			
Yo	요	나	trabajo 뜨라바호	Nosotros 노소뜨로스 우리들		trabajamos 뜨라바하모스	
Tú	뚜	너	trabajas 뜨라바하스	Vosotros 보소뜨로스 너희들		trabajáis 뜨라바하이스	
Usted 우스뗏 당신 Él 엘 그 Ella 에야 그녀			trabaja 뜨라바하	Ustedes 우스떼데스 당신들 Ellos 에요스 그들 Ellas 에야스 그녀들		trabajan 뜨라바한	

03 Cerca 가까이, 가까운

cerca 쎄르까는 가까이에, 근처에 라는 뜻의 부사이다. 동사 estar 에스따르와 함께 쓰여 가까이에 ~이 있다 라는 뜻이 된다.

위치

일러스트를 보면서 위치에 대해서 알아보자.

- sobre 소브레 ~의 위에
- detrás 데뜨라스 뒤에
- lejos 레호스 먼
- fuera 푸에라 밖에
- delante 델란떼 앞에
- cerca 쎄르까 가까운
- dentro 덴뜨로 안에
- bajo 바호 ~의 밑에

 ¡Qué bien!　　　　　　　　　　　　　잘 됐구나! 좋구나!

일종의 감탄문으로 qué 뒤에 명사나 형용사를 사용해서 일상회화에서 자주 쓰이는 표현이다.

예 ¡Qué suerte!　　　운이 좋구나!
　　께 수에르떼
　　　　　　　　　　　　　　　　　　▶ la suerte 라 수에르떼 운, 행운

　　¡Qué pena!　　　정말 안됐군!
　　께 뻬나
　　　　　　　　　　　　　　　　　　▶ la pena 라 뻬나 고통, 슬픔

　　¡Qué rico!　　　정말 맛있구나! 정말 좋구나!
　　께 리꼬

간단히 알고 넘어가는 동사활용 현재형

:: 동사란?

동사는 규칙과 불규칙 동사로 나뉜다. 여기서는 -ar, -er, -ir 의 어미를 지니는 규칙동사에 대해 알아보자. 규칙동사는 각각의 인칭·수에 따라 규칙적으로 변화하는데, 어미에 따라 ❶ -ar ❷ -er ❸ -ir 의 3가지가 있다.

❶ -ar 동사 는 규칙동사인 경우, -ar 대신에 -o, -as, -a, -amos, -áis, -an 으로 변화한다.

❷ -er 동사 는 -er 대신에 -o, -es, -e, -emos, -éis, -en 으로,

❸ -ir 동사 는 -ir대신에 -o, -es, -e, -imos, -ís, -en으로 변화한다.

특히 동사는 각 인칭·수에 따라 변화하므로 인칭대명사 yo, tú, él / ella / Ud., nosotros, vosotros, ellos / ellas / Uds.. 를 생략하는 경우가 많다.

규칙동사의 활용

① -ar 아르 동사   -o, -as, -a, -amos, -áis, -an
(-오, -아스, -아, -아모스, -아이스, -안)

★ **hablar** 아블라르 말하다

단수		
Yo 요 나	hablo	아블로
Tú 뚜 너	hablas	아블라스
Usted 우스뗃 당신 Él 엘 그 Ella 에야 그녀	habla	아블라

복수		
Nosotros 노소뜨로스 우리들	hablamos	아블라모스
Vosotros 보소뜨로스 너희들	habláis	아블라이스
Ustedes 우스떼데스 당신들 Ellos 에요스 그들 Ellas 에야스 그녀들	hablan	아블란

예) Yo **hablo** español.
요 아블로 에스빠뇰
나는 스페인어를 합니다.

¿**Hablas** tú coreano?
아블라스 뚜 꼬레아노
너는 한국어를 할 줄 아니?

Ella **habla** en voz alta.
에야 아블라 엔 보쓰 알따
그녀는 큰소리로 말한다.

▶ la voz 라 보쓰 목소리
alto(a) 알또(따) 높은, 큰

Nosotros **hablamos** tres idiomas.
노소뜨로스 아블라모스 뜨레스 이디오마스
우리는 3개국어를 말한다.

▶ el idioma 엘 이디오마 언어

Ellos **hablan** muy rápido.
에요스 아블란 무이 라삐도
그들은 매우 빨리 말한다.

▶ rápido(a) 라삐도(다) 빠른

② -er 에르 동사   -오 -에스 -에 -에모스 -에이스 -엔
-o , -es , -e , -emos , -éis , -en

★ comer 꼬메르 먹다

단수			
Yo 요	나	como	꼬모
Tú 뚜	너	comes	꼬메스
Usted 우스뗃 당신 Él 엘 그 Ella 에야 그녀		come	꼬메

복수			
Nosotros 노소뜨로스 우리들		comemos	꼬메모스
Vosotros 보소뜨로스 너희들		coméis	꼬메이스
Ustedes 우스떼데스 당신들 Ellos 에요스 그들 Ellas 에야스 그녀들		comen	꼬멘

예) Yo **como** tacos.
요 꼬모 따꼬스
나는 타코를 먹는다.

▶ taco 따꼬 (멕시코 요리)타코

Él no **come** carne de pollo.
엘 노 꼬메 까르네 데 뽀요
그는 닭고기를 먹지 않는다.

▶ carne de pollo 까르네 데 뽀요 닭고기

¿**Comemos** juntos?
꼬메모스 훈또스
우리 같이 먹을까?

▶ junto 훈또 함께

간단히 알고 넘어가는 동사활용 현재형

③ -ir 이르 동사
-오 -에스 -에 -이모스 -이스 -엔
-o, -es, -e, -imos, -ís, -en

★ **vivir** 비비르 살다

단수				복수			
Yo 요	나	**vivo**	비보	Nosotros 노소뜨로스 우리들		**vivimos**	비비모스
Tú 뚜	너	**vives**	비베스	Vosotros 보소뜨로스 너희들		**vivís**	비비스
Usted 우스뗃 당신				Ustedes 우스떼데스 당신들			
Él 엘 그		**vive**	비베	Ellos 에요스 그들		**viven**	비벤
Ella 에야 그녀				Ellas 에야스 그녀들			

예 (Yo) **Vivo** en la calle Salvador. 나는 살바도르가에 살고 있다.
(요) 비보 엔 라 까예 살바도르

▶ la calle 라 까예 도로, 길

¿**Vive** usted solo? 당신은 혼자 사십니까?
비베 우스뗃 솔로

▶ solo 솔로 오직 하나의, 단일의

Ella **vive** en una casa bonita. 그녀는 예쁜집에 산다.
에야 비베 엔 우나 까사 보니따

▶ bonita 보니따 예쁜

¿Dónde **vivís** vosotro? 너희들은 어디에 사니?
돈데 비비스 보소뜨로스

▶ dónde 돈데 어디, 어디에

여러가지 표현

장소　Track 06

¿Dónde está...?
돈데 에스따

어디에 있습니까?

 ¿Dónde está su oficina?
　　돈데 에스따 수 오피씨나

당신 사무실은 어디 있습니까?

 Está en la avenida San Martín.
　　에스따 엔 라 아베니다 산 마르띤

산 마르띤 가(거리)에 있습니다.

▶ la avenida 라 아베니다 ~가, ~거리

 ¿Dónde está el servicio?
　　돈데 에스따 엘 세르비씨오

화장실은 어디에 있습니까?

 Está a la izquierda.
　　에스따 알 라 이스끼에르다

왼쪽에 있습니다.

▶ el servicio 엘 쎄르비씨오 화장실 = el baño 엘 바뇨
la izquierda 라 이스끼에르다 왼쪽 ⇔ la derecha 라 데레차 오른쪽

 ¿Dónde está Manuel?
　　돈데 에스따 마누엘

마누엘은 어디에 있지?

 Está fuera (de la casa).
　　에스따 푸에라 (델 라 까사)

(그는 집) 밖에 있어.

¿Dónde está mi libro?
돈데 에스따 미 리브로
내 책은 어디 있지?

Está sobre la mesa.
에스따 소브레 라 메사
탁자 위에 있어.

La Cultura  마드리드 VS 바르셀로나

스페인은 17개의 자치구로 나뉘어져 있고, 수도는 국왕이 있는 마드리드 Madrid이다. 스페인 중앙부에 위치해 있으며, 정치·경제의 중심지이며, 약 480만명의 인구가 모여산다. 마드리드를 포함한 중부 고원지대는 대륙성의 건조한 기후를 나타내는데, 특히 가을 날씨는 모든 유럽인들이 부러워하기도 한다.

마드리드 _ 마요르 광장

마드리드 _ 태양의 문

마드리드 _ 까스띠야 광장

바르셀로나 - 새와 여인상

바르셀로나 - 황금물고기

05 너는 집에서 식사하니?
¿Comes en tu casa?

Linda

¿Comes siempre en tu casa?
꼬메스 시엠쁘레 엔 뚜 까사

Luis

No, casi nunca como en mi casa.
노, 까시 눈까 꼬모 엔 미 까사

Pero a veces quiero comer en casa.
뻬로 아 베쎄스 끼에로 꼬메르 엔 까사

Sí. Tienes razón.
씨. 띠에네스 라쏜

Casi siempre como en mi casa.
까시 시엠쁘레 꼬모 엔 미 까사

¡Qué bien !
께 비엔

희망 : 린다와 루이스의 식사중 대화입니다. 잘 들어보세요!

해석

	린다	언제나 집에서 식사하니?
	루이스	아니, 거의 집에서 식사하지 않아. 그렇지만, 가끔은 집에서 먹고 싶어.
	린다	그래. 네 말이 옳아. 난 거의 언제나 집에서 식사하지.
	루이스	좋겠구나.

Track 07

- **siempre** 씨엠쁘레   언제나, 항상
- **comes** 꼬메스   (너는) 먹는다 » **comer** 꼬메르 먹다의 2인칭 단수 현재형
- **la casa** 라 까사   집
- **casi** 까시   거의, 대략
- **nunca** 눈까   결코 (~하지 않는다). 부정의 의미로 사용된다
- **como** 꼬모   (나는) 먹는다 » **comer** 꼬메르 먹다의 2인칭 단수 현재형
- **pero** 뻬로   그러나
- **quiero** 끼에로   (나는) ~하고 싶다 » **querer** 께레르 원하다, ~하고 싶다의 1인칭 단수 현재형
- **tienes** 띠에네스   (너는) 갖고 있다 » **tener** 떼네르 가지다, 소유하다의 2인칭 단수 현재형
- **la razón** 라 라쏜   이성, 도리, 이유

머리에 쏙 들어오는 해설

 siempre   항상

siempre 씨엠쁘레 는 항상, 언제나 라는 뜻의 부사로 동사 앞에 위치한다.

 항상 ~하다

예 ¿Siempre estudia Luis en la biblioteca?
씨엠쁘레 에스뚜디아 루이스 엔 라 비블리오떼까
루이스는 항상 도서관에서 공부하니?

▶ estudiar 에스뚜디아르 공부하다
la biblioteca 라 비블리오떼까 도서관

Yo siempre tomo té en casa.
요 씨엠쁘레 또모 떼 엔 까사
나는 항상 집에서 차를 마신다.

▶ tomo 또모 tomar 또마르 마시다,먹다의 2인칭 단수 현재형
el té 엘 떼 차

 casi nunca   결코 거의 ~하지 않는다

casi 까시는 거의 라는 뜻으로, nunca 눈까 결코 ~하지 않는다 와 함께 쓰여 부정의 의미로 사용된다.

까시 눈까
casi nunca   (결코)거의 ~하지 않다
= no

예 Yo casi nunca bebo alcohol.
요 까시 눈까 베보 알꼬올

= Yo casi no bebo alcohol.
요 까시 노 베보 알꼬올
나는 거의 술을 마시지 않는다.

▶ bebo 베보 beber 베베르 마시다 의 1인칭 단수 현재형

| pero | 그러나 |

pero 뻬로는 그러나, ~이지만 을 나타내는 접속사이다.

예) Carmen no bebe alcohol, pero come mucho.
까르멘 노 베베 알꼬올, 뻬로 꼬메 무초
까르멘은 술을 마시지는 않지만, 많이 먹는다.

▶ bebe 베베 beber 베베르 마시다 의 3인칭 단수 현재형

| a veces | 때때로, 가끔 |

전치사 a 아 와 명사 veces 베쎄스 의 결합형으로 때때로, 가끔이라는 뜻의 숙어이다. veces 베쎄스는 vez의 복수형으로 z가 c로 변화한 후, -es를 붙여 복수형을 만든 것이다.

아 베쎄스
a veces 때때로, 가끔

무챠스 베쎄스
cf. **muchas veces** 자주, 여러 번

예) Luis va al campo a veces. 루이스는 이따금씩 시골에 간다.
루이스 바 알 깜뽀 아 베쎄스

| quiero | ~하고 싶다, 원하다 |

quiero 끼에로는 querer 께레르 ~하고 싶다, 원하다 동사의 1인칭 단수 현재형이다. querer 께레르 불규칙동사 뒤에 동사가 올 경우, 항상 동사원형을 써야 한다. 또한, desear 데세아르 동사보다 원하는 뜻을 더 강하게 나타낸다.

께레르
querer + 동사원형 ~하고 싶다, 원하다

★ **querer** 께레르 ~하고 싶다, 원하다

단수		
Yo	요	**quiero** 끼에로
Tú	뚜	**quieres** 끼에레스
Usted 우스뗃 Él 엘 Ella 에야		**quiere** 끼에레

복수		
Nosotros	노소뜨로스	**queremos** 께레모스
Vosotros	보소뜨로스	**queréis** 께레이스
Ustedes 우스떼데스 Ellos 에요스 Ellas 에야스		**quieren** 끼에렌

예 Nosotros queremos viajar. 우리들은 여행을 하고 싶습니다.
노소뜨로스 께레모스 비아하르 → 동사 원형

Quiero estudiar el español. (저는) 스페인어를 공부하고 싶습니다.
끼에로 에스뚜디아르 엘 에스빠뇰 → 동사 원형

María quiere cenar. 마리아는 저녁식사를 하고 싶어합니다.
마리아 끼에레 쎄나르 → 동사 원형

의문문은 다음과 같이 표현할 수 있다.

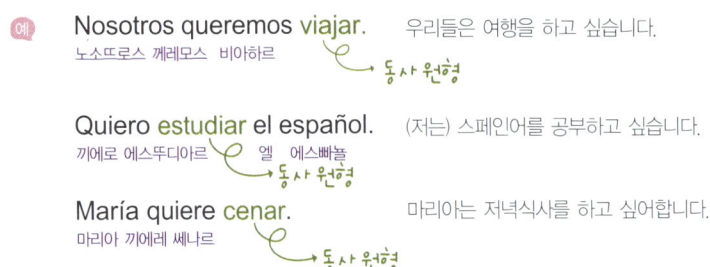

¿No quieres + 동사원형? ~하고 싶지 않습니까?

예 ¿No quieres comer conmigo? 나하고 식사하지 않겠니?
노 끼에레스 꼬메르 꼰미고
Sí. 그래.
씨

querer 께레르의 목적어가 사람 또는 다른 명사일 때는 ~를 사랑한다, 좋아한다는 뜻으로 쓰인다.

(Yo) Te amo..
(요) 떼 아모
(나는) 너를 사랑해.(영어의 I love you.)

(Yo) Te quiero.
(요) 떼 끼에로
(나는) 너를 좋아해.

06 con ~   ~와 함께 영어의 with

con mucho gusto 꼰 무초 구스또는 (상대방 부탁에 대해) 기꺼이 하겠다는 뜻의 관용구이다. **No gracias** 노 그라시아스는 괜찮아, 사양하다는 영어의 No, thank you와 동일한 표현이다.

con + mí = conmigo 꼰미고   나하고, 나와 함께
con + ti = contigo 꼰띠고   너하고, 너와 함께

예) ¿Quieres tomar un café?   커피 마실래?
　　끼에레스 또마르 운 까페
　　Con mucho gusto. / No, no gracias.   좋지(기꺼이). / 아니, 사양할게.
　　꼰 무초 구스또

07 Tienes razón   네 말이 맞다. (옳다)

tienes 띠에네스는 tener 떼네르 가지다, 갖고 있다 동사의 2인칭 단수 현재형이며, tienes razón 띠에네스 라쏜은 네 말이 맞다라는 뜻의 관용구이다.

★ **tener** 떼네르 가지다, 갖고 있다

단수			복수		
Yo 요	tengo	뗑고	Nosotros 노소뜨로스	tenemos	떼네모스
Tú 뚜	tienes	띠에네스	Vosotros 보소뜨로스	tenéis	떼네이스
Usted 우스뗃 Él 엘 Ella 에야	tiene	띠에네	Ustedes 우스떼데스 Ellos 에요스 Ellas 에야스	tienen	띠에넨

예) Ella tiene razón.   그녀의 말이 옳다.
　　에야 띠에네 라쏜

　　Uds. tienen razón.   당신들의 말이 옳습니다.
　　우스떼데스 띠에넨 라쏜

06 ¿Dónde vive ella?

그녀는 어디에 살고 있니?

Luis
¿Qué haces?
께 아쎄스

Linda
Escribo a mi hermana.
에스끄리보 아 미 에르마나

¿Dónde vive ella?
돈데 비베 에야

(Ella) Vive en Toledo.
(에야) 비베 엔 똘레도
La próxima semana viene a Madrid.
라 쁘록시마 세마나 비에네 아 마드릳

Mi abuelo vive en Toledo, también.
미 아부엘로 비베 엔 똘레도, 땀비엔

Toledo es una ciudad hermosa.
똘레도 에스 우나 씨우닫 에르모사

거주 : 루이스와 린다가 린다 여동생과 할아버지의 거주지에 대해 이야기합니다.

해석

	루이스	뭐하고 있니?
	린다	여동생에게 편지를 쓰고 있어.
	루이스	(그녀는) 어디에 사는데?
	린다	똘레도에 살고 있어.
		다음 주에 마드리드에 올 거야.
	루이스	내 할아버지도 똘레도에 사셔.
	린다	똘레도는 아름다운 도시야.

Track 08

	qué 께	의문대명사 무슨, 어떤, 무엇
v	haces 아쎄스	~을 한다 » hacer 아쎄르의 2인칭 단수 현재형
v	escribo 에스끄리보	(글씨, 편지)를 쓴다 » escribir 에스끄리비르 ~를 쓰다의 1인칭 단수 현재형
f	la hermana 라 에르마나	여자형제, 자매
	dónde 돈데	어디에, 어디서
v	vive 비베	~에 산다, 살고 있다 » vivir 비비르~에 살다의 3인칭 단수 현재형
a	próximo(a) 쁘록시모(마)	~에 가까운, 다음의, 이웃의
f	la semana 라 세마나	주, 주간
v	viene 비에네	온다 » venir 베니르 오다의 3인칭 단수 현재형
m	el abuelo 엘 아부엘로	할아버지
ad	también 땀비엔	~도, 또한, 역시
f	la ciudad 라 씨우닫	도시
a	hermoso(a) 에르모소(사)	아름다운

머리에 쏙 들어오는 해설

 ¿Qué haces?   무엇을 하고 있니?

hacer 아쎄르는 ~하다, ~만들다 라는 뜻으로, 앞에서도 나왔듯이 ❶ 신분이나 직업을 묻거나, ▶ p72 참고   ❷ 무엇을 하고 있는지를 물을때 사용한다.

¿Qué haces?
께 아쎄스

❶ 신분이나 직업을 물을 때
❷ 원래 의미대로 **무엇을 하고 있니?** 라는 뜻

예) ¿Qué haces allí?   (너는) 거기서 무엇을 하고 있니?
께 아쎄스 아이
Tomo café con mi amigo.   (나는) 내 친구하고 커피를 마셔.
또모 까페 꼰 미 아미고

▶ con 꼰 ~와 함께, ~을 가지고

 escribo a ~   ~에게 편지를 쓰다(쓰고 있다)

escribir a~ 에스끄리비르 아는 ~에게 편지를 쓰다 의 의미이다.

Escribir a + 상대방   ~에게 편지를 쓰다
에스끄리비르 아

예) Escribo a mis padres.   나는 부모님께 편지를 쓰고 있다.
에스끄리보 아 미스 빠드레스

▶ los padres 로스 빠드레스 부모 》 el padre 엘 빠드레 아버지의 복수형
mis 미스 》 mi 미 나의의 복수형 소유 형용사

전치사 a

❶ ~을/를, ~에게 : 목적을 나타낸다.

예) Escribo a mis padres.
에스끄리보 아 미스 빠드레스
나는 우리 부모님께 편지를 쓰고 있어.

예) Espero a mi amiga.
에스뻬로 아 미 아미가
내 친구(여성)를 기다리고 있어.

❷ ~에, ~로, ~하려고 : 향하는 장소의 귀착점을 나타낸다.

예) ¿A dónde vas? 어디에 가니?
아 돈데 바스

Voy al cine. 영화관에 가.
보이 알 씨네

▶ cine 씨네 영화관

❸ ~에, ~에서 : 시간적, 공간적인 점을 나타낸다

예) ¿A qué hora nos vemos? 몇 시에 만날까요?
아 께 오라 노스 베모스

(Nos vemos) A las once de la mañana. 오전 11시에. (만납시다)
(노스 베모스) 알 라스 온쎄 델 라 마냐나

▶ la hora 라 오라 시간, ~시

소유형용사

수식하는 명사의 앞에 놓이며 성, 수에 따른 어미 변화를 한다.

소유형용사

단수명사를 수식할 때				복수명사를 수식할 때			
소유형용사	뜻	소유형용사	뜻	소유형용사	뜻	소유형용사	뜻
mi 미	나의	nuestro(a) 누에스뜨로(라)	우리의	mis 미스	나의	nuestros(as) 누에스뜨로스(라스)	우리들의
tu 뚜	너의	vuestro(a) 부에스뜨로(라)	너희의	tus 뚜스	너의	vuestros(as) 부에스뜨로스(라스)	너희들의
su 수	그의 / 그녀의 / 당신의			sus 수스	그들의 / 그녀들의 / 당신들의		

 **dónde**   어디, 어디에

dónde돈데는 어디, 어디에 라는 장소를 나타내는 의문 부사이다.

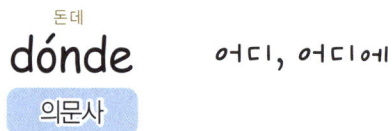

예) ¿Dónde vive usted?   당신은 어디에 사십니까?
돈데 비베 우스뗃

(Yo) Vivo en Los Angeles.   저는 LA에 살고 있습니다.
(요)비보 엔 로스 앙헬레스

전치사 en

❶ ~에 장소 또는 공간

Él vive en Seúl.
엘 비베 엔 세울

그는 서울에 삽니다.

Estamos en la calle.
에스따모스 엔 라 까예

우리는 지금 거리에 있습니다.

❷ 시간

Estamos en verano.
에스따모스 엔 베라노

지금은 여름이다.
(우리는 지금 여름에 있다.)

---

04 | **la próxima semana** | **다음 주**

próximo(a) 쁘록시모(마)는 다음의, 오는 혹은 가까운, 인접한 의 뜻을 가지고 있다.

시간을 나타내는 말					
일 day	그저께 anteayer 안떼아예르	어제 ayer 아예르	오늘 hoy 오이	내일 mañana 마냐나	모레 pasado mañana 빠사도 마냐나
주 week	지난 주 la semana pasada 라 세마나 빠사다		이번 주 esta semana 에스따 세마나		다음 주 la próxima semana 라 쁘록시마 세마나
월 month	지난 달 el mes pasado 엘 메스 빠사도		이번 달 este mes 에스떼 메스		다음 달 el mes próximo 엘 메스 쁘록시모
년 year	작년 el año pasado 엘 아뇨 빠사도		올해 · 금년 este año 에스떼 아뇨		내년 el año próximo 엘 아뇨 쁘록시모

viene a Madrid (그녀는) 마드리드에 온다.

본문의 주어(여기서는 ella)는 생략되는 경우가 많으며, venir베니르 오다 의 3인칭 단수 현재형인 viene 비에네는 그녀가, 그가, 당신이 지금 온다, 오고 있다 는 현재의 동작을 나타낸다.
또한 ~가 올 것이다 와 같이 미래의 동작을 나타내기도 한다.

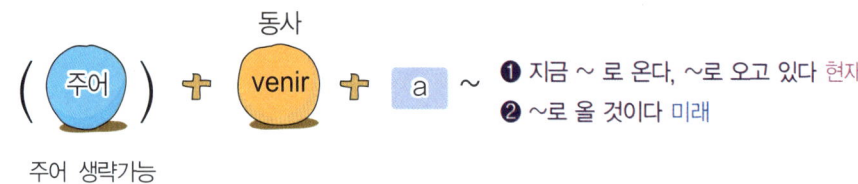

❶ 지금 ~ 로 온다, ~로 오고 있다 현재
❷ ~로 올 것이다 미래

venir베니르 오다 동사는 불규칙하게 변하므로, 따로 외워두도록 하자. 이와 비슷한 형태의 vivir 비비르 동사는 규칙동사로 어간 -ir 대신에 -o, -es, -e, -imos, -ís, -en을 붙여 현재형을 만든다.

venir 오다 (베니르) — 불규칙동사
vivir 살다 (비비르) — 규칙동사

★ venir 베니르 오다

단수			복수		
Yo 요	vengo 벵고		Nosotros 노소뜨로스	venimos 베니모스	
Tú 뚜	vienes 비에네스		Vosotros 보소뜨로스	venís 베니스	
Usted 우스뗃 Él 엘 Ella 에야	viene 비에네		Ustedes 우스뻬데스 Ellos 에요스 Ellas 에야스	vienen 비에넨	

예) (Yo) Vengo de la iglesia.
(요) 벵고 델 라 이글레시아

(나는) 교회에서 오는 길이다.

▶ la iglesia 라 이글레시아 교회

Mañana ellas vienen a Corea.
마냐나 에야스 비에넨 아 꼬레아

그녀들이 내일 한국에 온다.

여러가지 표현

가족 La familia Track 08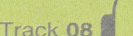

가족 – 여러가지 호칭

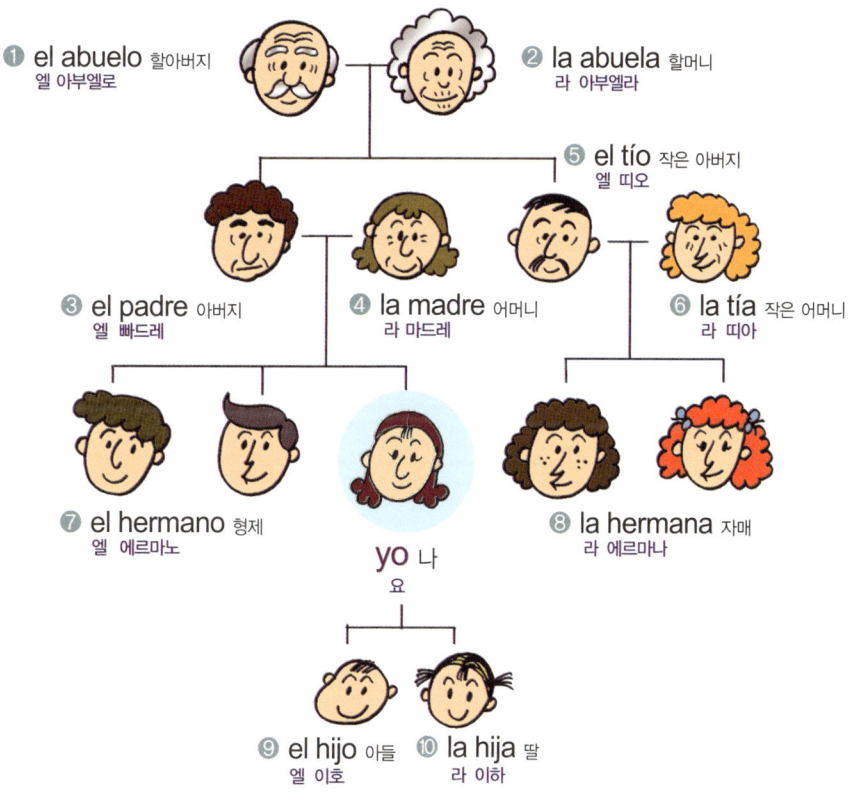

❶ el abuelo 할아버지
엘 아부엘로

❷ la abuela 할머니
라 아부엘라

❸ el padre 아버지
엘 빠드레

❹ la madre 어머니
라 마드레

❺ el tío 작은 아버지
엘 띠오

❻ la tía 작은 어머니
라 띠아

❼ el hermano 형제
엘 에르마노

❽ la hermana 자매
라 에르마나

yo 나
요

❾ el hijo 아들
엘 이호

❿ la hija 딸
라 이하

 ¿Cuántas personas hay en tu familia? 식구가 몇이니?
꾸안따스 뻬르소나스 아이 엔 뚜 파밀리아

 Hay cuatro personas. 넷이야.
아이 꾸아뜨로 뻬르소나스

 ¿Quienés son? 누구 누군데?
끼에네스 손

 Son mi padre, mi madre, mi hermana y yo. 아버지, 어머니, 여동생 그리고 나야.
손 미 빠드레, 미 마드레, 미 에르마나 이 요

La Cultura  미식의 나라 스페인

스페인은 스페인 전체를 상징할 만한 음식이 없는 대신, 각 지방을 대표하는 음식들이 있다. 그래서 스페인 음식은 각 지방의 특색을 나타내기도 한다.

스페인 음식의 유일한 공통점은 일반적으로 마늘과 양파, 그리고 올리브유를 많이 사용한다는 거예요.

대서양 / 프랑스

Valencia 발렌시아 — 생마늘을 통째로 빵에다 갈아서 올리브유를 뿌려먹는 마늘빵이 유명하다.

Andalucía 안달루시아 / 지중해

뽀뽀~ 뽀뽀뽀~~
싫어 저리가
나, 방금 마늘빵 먹고 왔지롱~~

paella - 빠에야는 스페인 요리점에서 가장 많이 볼 수 있는 메뉴 중에 하나이다.
발렌시아산 쌀에 닭이나 토끼고기등과 다양한 해물을 넣고 찐 후에, 샤프란에서 추출한 색소를 넣는다.

자, 스페인 음식 중 우리에게 가장 잘 알려진 음식 'paella 빠에야' 등장이요.

'스페인식 볶음밥' 이구만! 음 넘 어렵게 설명하시는거 아녀요. 내눈에 딱~볶음밥이구만..

나도 볶음밥 좋아요. 난 해산물이 젤로 좋아, 좋아^^ 난 새우, 조개 다 좋아요.

샤프란이 들어갔으면 엄청 비싼거 아닐까? 그래도 먹고 싶은데...그럼... 먹어야지 ㅋㅋㅋ

여친과 음식을 바꾸는거야 ㅎㅎ 난 똑똑해^^

내가 '빠에야' 보다 못해 ㅠ.ㅠ 별 맛는 거야는

우 와~~ 신선한 해산물과 과일, 샐러드가 진짜 많구나!!

las tapas - 따빠스는 작은 접시에 소량을 담아먹는 음식으로, 종류가 다양하고 에피타이저나 간식, 술안주로 즐겨 먹는다.

07 Se llama Palacio Real.

팔라시오 레알이라고 해

Luis

En Madrid hay un palacio antiguo,
엔 마드릳 아이 운 빨라시오 안띠구오,
¿verdad?
베르닫

Linda

Exacto.
엑싹또

¿Cómo se llama el palacio?
꼬모 세 야마 엘 빨라시오

Se llama Palacio Real.
세 야마 빨라시오 레알

También hay un museo famoso.
땀비엔 아이 운 무쎄오 파모소

Se llama Museo del Prado.
세 야마 무쎄오 델 쁘라도

명칭 : 루이스와 린다가 마드리드에 있는 성과 미술관에 대해 이야기합니다.

해석

	루이스	마드리드에 옛 성이 하나 있지?
	린다	맞아.
	루이스	그 성 이름이 어떻게 되지?
	린다	팔라시오 레알이라고 해. 또한 유명한 미술관도 있지. 프라도 미술관이라고 해.

Track 09

단어

- ⓜ **el palacio** 엘 빨라시오   궁, 성
- ⓐ **antiguo(a)** 안띠구오(아)   고대의, 구식의
- ⓕ **la verdad** 라 베르닫   진실, 사실
- ⓐ **exacto(a)** 엑싹또(따)   정확한, 정밀한
- ⓥ **llamarse** 야마르세   이름이 ~이다, ~이라고 불리다
- ⓜ **el museo** 엘 무쎄오   박물관, 미술관
- ⓐ **famoso(a)** 파모소(사)   유명한

머리에 쏙 들어오는 해설

 **hay** ~이 있다

haber 아베르의 3인칭 단수형이며, 영어의 there is, there are에 해당하는 표현이다. 막연히 ~이 있다라는 뜻이며, 무인칭으로 주어는 사용하지 않는다.

주어 + haber(아베르) + 명사 ~이 있다

무인칭으로 주어는 사용하지 않는다!

예 Si hay buenos, hay malos. 착한 사람이 있는가 하면, 악한 사람도 있다.
씨 아이 부에노스, 아이 말로스

A: ¿Qué hay en la oficina? 사무실에 무엇이 있습니까?
께 아이 엔 라 오피씨나

B: Hay una mesa redonda y cuatro sillas. 둥근 탁자와 의자 4개가 있습니다.
아이 우나 메사 레돈다 이 꾸아뜨로 시야스

▶ la mesa 라 메사 탁자
redondo(a) 레돈도(다) 둥근
la silla 라 시야 의자

A: ¿Hay un hotel cerca de aquí? 이 근처에 호텔이 있습니까?
아이 운 오뗄 쎄르까 데 아끼

B: Sí, hay uno. 네, 하나 있습니다.
씨, 아이 우노

비교 hay 아이 다음에 나오는 명사는 정관사를 쓸 수 없다.

예 Hay el oro, Hay un oro (X) 한 개의 금
아이 엘 오로, 아이 운 오로

⇨ Hay oro (O)
아이 오로

¿verdad? 사실이지? 그렇지?

말을 하고 나서 상대방의 사실 여부를 물을 때 쓰는 표현으로, 이것은 ¿vedad?베르닫, ¿es verdad?에스 베르닫, ¿no es verdad?노 에스 베르닫 등의 다양한 형식으로 쓰이고 있으나, 모두 그렇지 않습니까?의 뜻으로 부가적인 의문을 나타낸다.

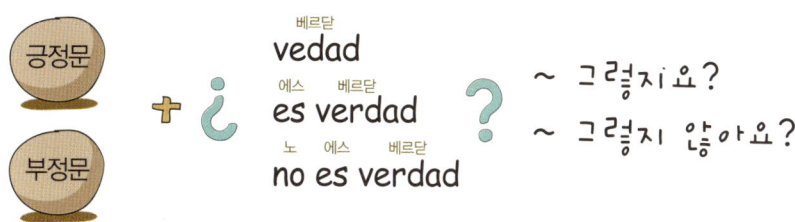

예 Te gusta el cine, ¿verdad?
떼 구스따 엘 씨네, 베르닫
너는 영화를 좋아하지, 그렇지?

Él sale mañana para Busan, ¿es verdad?
엘 살레 마냐나 빠라 부산, 에스 베르닫
그가 내일 부산으로 출발한다며, 그렇지?

 Exacto 그래, 맞아

상대방의 질문이나 의견에 동의하는 표현이다.

 A : Tú tienes diecinueve años, ¿verdad? 너는 열아홉 살이지?
뚜 띠에네스 디에씨누에베 아뇨스, 베르닫
B : Exacto. 그래요. (저는 열아홉 살이예요)
엑싹또

상대방의 질문이나 의견에 답하지 못하고, 약간 시간을 두거나 망설일 때는 pues … 뿌에스 음… , 저… 라는 표현을 사용한다.

숫자 읽기 I

"이것만은 꼬~옥 알고 넘어가자"

숫자 El número 엘 누메로

숫자 1~15까지 무조건 외우자!

0 cero 쎄로

1 uno 우노 / un 운 / una 우나

uno 우노 는 남성 명사 앞에서는 un 운, 여성 명사 앞에서는 una 우나 가 된다.

운
un + 남성명사

우나
una + 여성명사

예 un hombre   한 남자
운 옴브레

una mujer   한 여자
우나 무헤르

2 dos 도스
3 tres 뜨레스
4 cuatro 꾸아뜨로
5 cinco 씽꼬
6 seis 쎄이스
7 siete 씨에떼
8 ocho 오초

9 nueve 누에베
10 diez 디에스
11 once 온쎄
12 doce 도쎄
13 trece 뜨레쎄
14 catorce 까또르쎄
15 quince 낀세

여러가지 표현

llamarse　Track 09

¿Cómo se dice...?
꼬모 쎄 디쎄

무엇이라고 합니까?

쎄 디쎄　　　　쎄 야마
se dice　=　se llama　　~라고 말하다

▶ dice 디쎄 말한다는 decir 데씨르의 3인칭 단수 현재형이다. se dice 디쎄 는 일반적으로 '~이라고 말하다'의 뜻이다.

¿Cómo **se dice** esto en español?
꼬모 쎄 디쎄 에스또 엔 에스빠뇰

이것은 스페인어로 뭐라고 합니까?

= ¿Cómo **se llama** esto en español?
꼬모 쎄 야마 에스또 엔 에스빠뇰

▶ en español 엔 에스빠뇰 스페인어로

Se dice diccionario.
쎄 디쎄 딕씨오나리오

딕씨오나리오라고 합니다.

▶ el diccionario 엘 딕씨오나리오 사전

¿Cómo se escribe ...?
꼬모 세 에스끄리베

어떻게 씁니까?

▶ escribe 에스끄리베는 escribir 에스끄리비르 (글씨를) 쓰다, (편지를) 쓰다의 3인칭 단수현재형이다.

¿Cómo se escribe su nombre?
꼬모 쎄 에스끄리베 수 놈브레

당신의 이름은 어떻게 씁니까?

▶ su 수　당신의 usted 의 소유격
　el nombre 엘 놈브레 이름

Se escribe 'L-U-I-S'.
쎄 에스끄리베 '루-이-스'
'L-U-I-S' 라고 씁니다.

La Cultura  예술과 문화의 나라 스페인

La Sagrada família

건축가 가우디 Antonio Gaudí

천재건축가 가우디는 1852년 바르셀로나에서 태어났으며, 19~20C 스페인의 가장 유명한 건축가이다.

옆의 사진의 사그라다 파밀리아 성당은 스페인을 대표하는 건축물이여요!

오 호~ 정말 비싸보여요. 번쩍 번쩍

마드리드는 '가우디의 나라'라고 불릴 만큼 첨단 공법을 구사한 건물들이 많다.

미술관이 많네요. 내가 아는 건 피카소 뿐인데... 어디 계세요?

prado 미술관

마드리드_프라도 미술관 내부

104

파블로 피카소 Pablo Picasso, 살바도르 달리 Salvador Dalí, 프란시스코 고야 Francisco Goya

바르셀로나 _ 티센 미술관 내부

08

제 나이는 30살입니다.
Tengo treinta años.

Manuel

¿Cuántos años tiene tu hermana?
꾸안또스 아뇨스 띠에네 뚜 에르마나

Luisa

Tiene veintisiete años.
띠에네 베인띠시에떼 아뇨스

Ella lleva cinco meses aquí.
에야 예바 씽꼬 메세스 아끼

¿Cuántos años tienes?
꾸안또스 아뇨스 띠에네스

Tengo treinta años.
뗑고 뜨레인따 아뇨스

¿Cuánto tiempo llevas aquí?
꾸안또 띠엠뽀 예바스 아끼

Llevo un mes.
예보 운 메스

Pero, todavía no hablo bien español.
뻬로, 또다비아 노 아블로 비엔 에스빠뇰

나이 : 마누엘과 루이사가 나이에 대해 이야기 합니다. 잘 들어보세요!

해석

	마누엘	네 여동생은 몇 살이니?
	루이사	27 살이야. 그녀는 여기 온 지 5개월 됐어.
	마누엘	너는 몇 살이니?
	루이사	30살이야.
	마누엘	여기에 온 지는 얼마나 되었지?
	루이사	1개월 됐어. 그렇지만, 아직 스페인어를 잘 하지 못해.

Track 10

- ⓜ **el año** 엘 아뇨 — 연도, (연령의) ~살
- **cuánto(a)** 꾸안또(따) — (분량, 시간, 값에 관한 의문사) 몇 개의, 얼마나
  - ▶ **cuántos años** 꾸안또스 아뇨스 몇 살
- ⓜ **el tiempo** 엘 띠엠뽀 — 때, 시간, 날씨
- ⓥ **llevo** 예보 — llevar 예바르 가지고 가다, (날짜를) 보내다의 1인칭 단수 현재형
- ⓜ **el mes** 엘 메스 — 월 month
- ⓐᵈ **todavía** 또다비아 — 아직, 지금까지, 여전히
- ⓥ **hablo** 아블로 — hablar 아블라르 말하다의 1인칭 단수 현재형

107

머리에 쏙 들어오는 해설

 ¿Cuántos años tienes?   너는 몇 살이니?

나이를 묻는 일반적인 표현이다.

꾸안또스
Cuántos +  (남성 복수명사)

꾸안따스
Cuántas +  (여성 복수명사)

몇 ~?

이에 대한 대답은,

숫자 +  años (아뇨스)

~살, ~세

라고 한다.

> 예 A: ¿Cuántos años tiene ella?
> 꾸안또스 아뇨스 띠에네 에야
> 그녀의 나이는 몇 살입니까?
>
> B: Ella tiene veinte años.
> 에야 띠에네 베인떼 아뇨스
> 그녀는 20살입니다.

 ¿Cuánto tiempo llevas ~?   ~에서 지낸지가 얼마나 되지?

llevas 예바스는 llevar 예바르 보내다, 지내다 동사의 2인칭 단수 현재형이다.
cuánto 꾸안또는 위에서도 나왔듯이, 얼마나 라는 뜻으로, 뒤에 오는 단어에 따라 변한다.
tiemp 띠엠뽀는 시간, 날씨의 2가지의 뜻이 있다.

> 예 A: ¿Cuánto tiempo llevan sus padres aquí?
> 꾸안또 띠엠뽀 예반 수스 빠드레스 아끼
> 당신의 부모님들이 여기 오신 지는 얼마나 됩니까?
>
> B: Ellos llevan seis meses.
> 에요스 예반 세이스 메세스
> 6개월 됩니다.

llevar 동사의 규칙변화

★ **llevar** 예바르 가지고 가다, 데리고 가다 ; 가지고 있다, 입고 있다 ; 보내다, 지내다

단수		
Yo 요	**llevo**	예보
Tú 뚜	**llevas**	예바스
Usted 우스뗃 Él 엘 Ella 에야	**lleva**	예바

복수		
Nosotros 노소뜨로스	**llevamos**	예바모스
Vosotros 보소뜨로스	**lleváis**	예바이스
Ustedes 우스떼데스 Ellos 에요스 Ellas 에야스	**llevan**	예반

예) Ella lleva dinero en el bolsillo.
에야 예바 디네로 엔 엘 보시요

그녀는 주머니에 돈을 휴대하고 있다.

▶ **el bolsillo** 엘 보시요 주머니

José lleva la chaqueta.
호세 예바 라 차께따

호세는 쟈켓을 입고 있다.

▶ **la chaqueta** 라 차께따 쟈켓

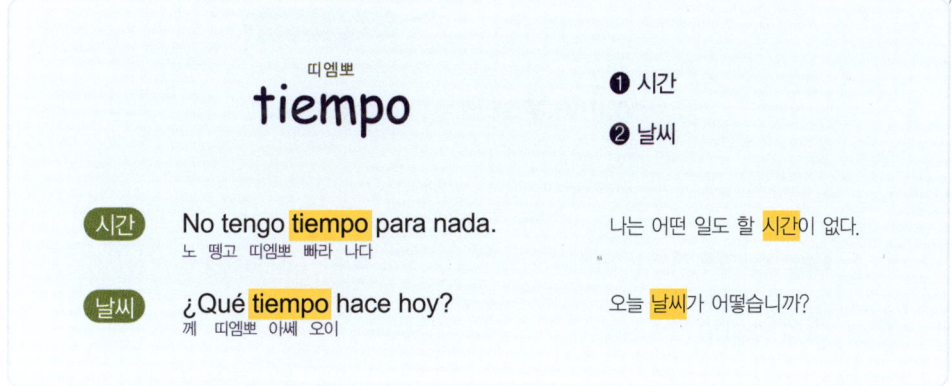

띠엠뽀
tiempo

❶ 시간
❷ 날씨

시간) No tengo tiempo para nada.
노 뗑고 띠엠뽀 빠라 나다

나는 어떤 일도 할 시간이 없다.

날씨) ¿Qué tiempo hace hoy?
께 띠엠뽀 아쎄 오이

오늘 날씨가 어떻습니까?

 No hablo bien español   나는 스페인어를 잘 못한다

hablo 아블로는 hablar 아블라 말하다 동사의 1인칭 단수 현재형이며, 보통 언어를 말하다 라고 할 때 사용한다. bien은 잘이라는 뜻의 부사이다.

아블라르
hablar + 언어   ~어를 말하다

숫자 읽기 II
"이것만은 꼬~옥 알고 넘어가자"

16 **dieciséis** 디에씨세이스

▶ 16~20 20제외 는 십 단위와 단 단위 사이에 y를 써서 만드는데, 축약형이 널리 사용되고 있다. 악센트 유지를 위해 필요할경우 악센트 부호를 찍어야 한다.

예) 16 diez + y + seis = dieci**séis** 디에씨세이스 (악센트 부호)

'y'의 축약형

26 veinte y seis = veintiséis 베인띠세이스

---

17 **diecisiete** 디에씨시에떼
18 **dieciocho** 디에씨오초
19 **diecinueve** 디에씨누에베
20 **veinte** 베인떼
21 **veintiuno** 베인띠우노
22 **veintidós** 베인띠도스
23 **veintitrés** 베인띠뜨레스
24 **veinticuatro** 베인띠꾸아뜨로
25 **veinticinco** 베인띠씽꼬
29 **veintinueve** 베인띠누에베

30 **treinta** 뜨레인따

31 **treinta y uno** 뜨레인따 이 우노
▶ 30부터는 축약형을 쓰지 않는다.

40 **cuarenta** 꾸아렌따
50 **cincuenta** 씽꾸엔따
60 **sesenta** 세센따
70 **setenta** 세뗀따
80 **ochenta** 오첸따
90 **noventa** 노벤따

100 cien(to) 씨엔(또)   남성, 여성 명사 앞에서 어미 to가 탈락된다.

예 cien hombres 100명의 남자   cien muchachas 100명의 소녀
씨엔 옴브레스   씨엔 무차차스

101 ciento uno 씨엔또 우노   **102** ciento dos 씨엔또 도스
▶ 백 단위부터는 y를 쓰지 않는다.

＋, －, ×, ÷

❶ 더하기 … y 이, más 마스

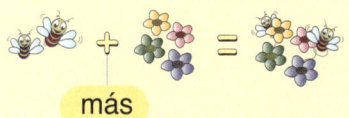

Dos más cuatro son seis.   2 + 4 = 6
도스 마스 꾸아뜨로 손 세이스

Tres y cinco son ocho.   3 + 5 = 8
뜨레스 이 씽꼬 손 오초

❷ 빼기 … menos 메노스

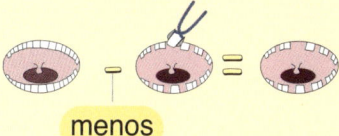

Treinta menos diez son veinte.
뜨레인따 메노스 디에쓰 손 베인떼
30 − 10 = 20

❸ 곱하기 … por 뽀르

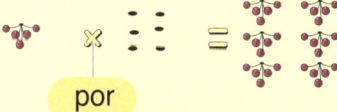

Cinco por seis son treinta.
씽꼬 뽀르 세이스 손 뜨레인따
5 × 6 = 30

❹ 나누기 … dividido entre 디비디도 엔뜨레

Cincuenta dividido entre diez son cinco.
씽꾸엔따 디비디도 엔뜨레 디에쓰 손 씽꼬
50 ÷ 10 = 5

여러가지 표현

나이 　Track 10

¿Qué edad tienes?
께 에닫 띠에네스

너는 몇 살이니?

¿Cuántos años tienes? 꾸안또스 아뇨스 띠에네스 　나이를 묻는 또 다른 표현이다.

A : ¿Qué edad tienes?
께 에닫 띠에네스

너는 몇살이지?

▶ la edad 라 에닫 나이, 연령

B : Tengo treinta años.
뗑고 뜨레인따 아뇨스

30살이야.

A : ¿Qué edad tiene tu madre?
께 에닫 띠에네 뚜 마드레

너의 어머니 연세가 어떻게 되셔?

B : Ella tiene cincuenta años.
에야 띠에네 씽꾸엔따 아뇨스

50살이셔.

llevas
예바스

(날짜를, 시간을) 보내고 있다, 지내다

A : ¿Cuánto tiempo llevas estudiando español?
꾸안또 띠엠뽀 예바스 에스뚜디안도 에스빠뇰

너는 스페인어를 얼마동안 공부하고 있니?

B : Llevo dos años estudiando español.
예보 도스 아뇨스 에스뚜디안도 에스빠뇰

2년 동안 계속 스페인어를 공부하고 있어.

▶ estudiando 에스뚜디안도 estudiar 공부하다 의 현재분사형

Llevo una semana en cama.
예보 우나 세마나 엔 까마

병상에 누운지도 벌써 일 주일이나 된다.

▶ p15 문법편 – 동사 참고
▶ p28 문법편 – 현재분사 참고

La Cultura  축제의 나라 스페인

8월 마지막 주 수요일 **토마토 축제** 장소 : 발렌시아

인간 탑 쌓기 대회는 바르셀로나 지방에서 열리는데, Casteller라고 한다.
이외, Cádiz 카니발 축제와 Las Fallas de Valencia 산 호세 불꽃축제 등 전국 곳곳에서 축제가 열린다.

La Cultura  투우와 플라멩고

투우의 기원

스페인 신문들은 투우 기사를 스포츠면에서 다루지 않고 문화면에서 다루는데 스페인 사람들에게 있어 투우는 놀이가 아닌 인생의 철학을 담은 하나의 의식이다.

투우는 목축업의 풍요를 기원하면서 신에게 숫소의 죽음을 바치는 의식에서 기원한다.
투우에서 살해가 없어서는 안될 요소이긴 하지만 그것이 최고의 구경거리는 아니며, 투우사와 숫소의 솜씨 즉 파세 pase가 최고라고 하겠다.

투우의 공식적인 행사는 3월에 발렌시아의 '불꽃축제'로 시작되며 10월 사라고사의 '피랄 축제'로 막을 내린다.

투우소
약 450~650kg인
3~4년생 소

엘 삐까도르 El picador

엘 반데리예로 El banderillero

진실의 순간

엘 마따도르 El matador

진실의 순간   진실의 순간, 투우사 마따도르는 에스빠다라는 칼로 소를 깊숙이 찔러 숨통을 끊는다.

플라멩코

플라멩코는 크게 '플라멩코 혼도 Flamenco Jondo'와 '플라멩코 페스테로 Flamenco Festero'로 나누어지는데, 전자가 사랑, 환멸, 고통 등의 우수에 찬 주제를 어둡고 슬픈 감정을 담아 표현하는 반면, 후자는 축제분위기의 밝고 경쾌하며 때로는 코믹하기까지 한 내용을 다룬다.

우리가 흔히 알고 있는 플라멩코는 '플라멩코 혼도 Flamenco Jondo'를 가리키는 것이다.

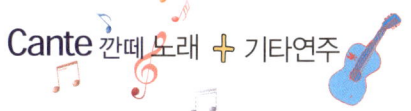

플라멩고 = 춤 + 음악

Cante 깐떼 노래 + 기타연주

09 | ¿A dónde vas?

어디 가니?

Luis

¿A dónde vas, Linda?
아 돈데 바스, 린다

Linda

Voy a la oficina de correos.
보이 알 라 오피씨나 데 꼬레오스
Tengo que enviar un paquete y una carta.
뗑고 께 엔비아르 운 빠께떼 이 우나 까르따

¿Te ayudo?
떼 아유도

¡Qué amable! Muchas gracias, Luis.
께 아마블레! 무차스 그라시아스, 루이스

De nada.
데 나다

장소 : 린다가 우체국에 가는 길에 루이스를 만났습니다. 잘 들어보세요!

해석

▶	루이스	어디 가니, 린다?
	린다	우체국에 가는 길이야.
		소포와 편지 한 통을 보내야 하거든.
	루이스	도와 줄까?
	린다	친절하기도 하지! 정말 고마워, 루이스.
	루이스	천만에.

Track 11

단어

- (v) **vas** 바스 간다 》 ir 이르 가다 의 2인칭 단수 현재형
- (v) **voy** 보이 간다 》 ir 이르 가다 의 1인칭 단수 현재형
- (v) **enviar** 엔비아르 보내다, 부치다, 발송하다
- (m) **el paquete** 엘 빠께떼 소포, 소화물
- (f) **la carta** 라 까르따 편지
- **te** 떼 너를, 너에게 》 tú 뚜 너의 목적격
- (v) **ayudo** 아유도 도와 주다 》 ayudar 아유다르 도와주다의 1인칭 단수 현재형
- (a) **amable** 아마블레 친절한

117

머리에 쏙 들어오는 해설

 ¿A dónde vas? 　　　　　　　　　　　어디에 가니?

dónde 돈데는 장소를 나타내는 의문부사로 어디, 어디에, 어디로 라는 뜻을 나타내며, 전치사 a와 같이 쓰여 어디로 라는 목적지를 묻는 표현이 된다.

예 **A :** ¿A dónde va usted? 　　　당신은 어디에 가십니까?
　　　아 돈데 바 우스뗄

　　B : Voy al cine. 　　　　　　저는 영화관에 갑니다.
　　　보이 알 씨네

　　Mi madre va al banco. 　　　나의 어머니는 은행에 가신다.
　　미 마드레 바 알 방꼬

　　　　　　　　　　　　　　　▶ el banco 엘 방꼬 은행

ir동사의 불규칙변화

★ **ir** 이르 가다

단수			복수		
Yo 요	voy	보이	Nosotros 노소뜨로스	vamos	바모스
Tú 뚜	vas	바스	Vosotros 보소뜨로스	vais	바이스
Usted 우스뗄 Él 엘 Ella 에야	va	바	Ustedes 우스떼데스 Ellos 에요스 Ellas 에야스	van	반

 ir 이르 가다 의 반대말인 venir 베니르 오다 는 또한 불규칙하게 변화하므로 주의!!
　　　　　　　　　　　　　　　▶ p94 참고

Tengo que enviar ~ 나는 ~을 발송해야 한다

enviar 엔비아르 편지, 소포등을 발송하다 라는 표현이고, mandar 만다르는 사람이나 사물을 보내다 라는 표현이다.

원래 tener 떼네르는 가지다, 갖고 있다는 뜻이지만, tener + que + 동사원형은 영어의 have to + 동사원형 과 같이 ~해야 한다는 의무 또는 절대적 필요성을 표현할 때 사용한다.

의무·필요  + 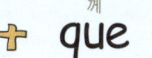 + ~해야만 한다

 Tengo que ir ahora. 나는 지금 가야만 한다.
떼고 께 이르 아오라

(Ellos) Tienen que estudiar. 그들은 공부해야 한다.
(에요스) 띠에넨 께 에스뚜디아르

(Nosotros) Tenemos que trabajar. 우리는 일을 해야 한다.
(노소뜨로스) 떼네모스 께 뜨라바하르

 ¿Te ayudo? 당신을 도와드릴까요?

ayudo 아유도는 동사 ayudar 아유다르 돕다 의 1인칭 단수 현재형이고, te 떼는 너에게, 너를 이라는 뜻의 직접 목적격이다.

¿  +  도와드릴까요?

A: ¿Le ayudo? 당신을 도와드릴까요?
레 아유도

B: Sí, (ayúdeme) por favor. 예, (저를 도와주시기를) 부탁합니다.
시, (아유데메) 뽀르 파보르

 여기서의 Le 는 당신 usted의 직접 목적격이다.

04 ¡Qué amable!   친절하기도 하지!

께
¡Qué + 형용사 !는 일종의 감탄문이다.
상대방이 친절을 베풀 때 감사하다는 말과 함께 쓰여 이를 강조하는 표현으로 많이 사용한다.

 감탄문 ¡  Qué +  형용사 ! ~하구나!

 ¡Qué hermosa! 께 에르모사
참 아름답구나!

 ¡Qué bonita! 께 보니따
정말 예쁘다!

¡Qué raro! 께 라로
참 이상하네!

여러가지 표현

환영 Track 11

¡Bienvenido!
비엔베니도

환영합니다!

▶ bienvenido 비엔베니도 는 영어의 welcome과 같은 뜻으로, 뒤에 전치사 a를 사용하여 '~로 오신 것을 환영합니다' 라는 의미이다.

¡Bienvenido a Corea!
비엔베니도 아 꼬레아

한국에 오신 것을 환영합니다.

¡Bienvenido a mi casa!
비엔베니도 아 미 까사

저희 집에 오신 것을 환영합니다.

¡Buen viaje!
부엔 비아헤

좋은 여행 되세요!

▶ 형용사 'bueno 부에노 좋은, 착한' 은 'viaje 비아헤 여행' 과 같은 남성 단수명사 앞에서 buen으로 변한다.

¡Buena suerte!
부에나 수에르떼

행운을 빕니다.

▶ la suerte 라 수에르떼 행운

¡Buen fin de semana!
부엔 핀 데 세마나

좋은 주말 되세요, 좋은 주말 보내세요.

▶ el fin 엘 핀 끝, 종말

¡Buen viaje!
부엔 비아헤
좋은 여행 되세요!

¡Ánimo!
아니모

힘내, 기운내!

▶ ánimo 아니모는 '힘, 활기' 라는 뜻의 명사로, 상대방을 위로할 때 사용하는 표현이다.

121

10

영화관에 갑시다.
Vamos a ir al cine.

Manuel

Vamos a ir al cine esta noche.
바모스 아 이르 알 씨네 에스따 노체

Y luego vamos a cenar en el restaurante italiano.
이 루에고 바모스 아 세나르 엔 엘 레스따우란떼 이딸리아노

Linda

Lo siento. Yo no puedo.
로 시엔또. 요 노 뿌에도

Estoy un poco mal.
에스또이 운 뽀꼬 말

Pues, ¿qué te parece mañana?
뿌에스, 께 떼 빠레쎄 마냐나

Mañana tampoco.
마냐나 땀뽀꼬

Tengo mucha tarea.
뗑고 무차 따레아

거절 : 마누엘이 린다에게 영화관에 같이 가자고 합니다. 잘 들어보세요!

해석

➡	마누엘	오늘 저녁에 영화관에 가자. 그 다음엔 이탈리아 레스토랑에 가서 저녁 식사를 하자.
	린다	미안해. 안되겠는데. 몸이 좀 좋지 않아.
	마누엘	그럼, 내일은 어때?
	린다	내일도 안되겠는데. 숙제가 많아.

Track 12

- ⓥ **vamos** 바모스 — 간다 》 ir 이르 가다의 1인칭 복수 현재형
- ⓜ **el cine** 엘 씨네 — 영화관
- ⓐ𝓭 **esta noche** 에스따 노체 — 오늘 저녁
- **luego** 루에고 — ~후에, 뒤에, 곧
- ⓥ **cenar** 세나르 — 저녁을 먹다
- ⓜ **el restaurante** 엘 레스따우란떼 — 식당, 레스토랑
- ⓐ **italiano(a)** 이딸리아노(나) — 이탈리아의
- ⓐ **poco(a)** 뽀꼬(까) — 조금의, 약간의
- ⓐ𝓭 **mal** 말 — 나쁘게 》 mal 은 나쁘다라는 뜻인 malo(a) 형태의 형용사로도 사용된다
- ⓥ **siento** 시엔또 — 유감으로 생각한다 》  센띠르 유감으로 생각하다의 1인칭 단수 현재형
- ⓥ **parece** 빠레쎄 — ~으로 여기다 》 parecer 빠레쎄르 ~으로 여기다, 생각되다의 3인칭 단수 현재형
- ⓐ𝓭 **tampoco** 땀뽀꼬 — ~도 역시(~아니다)
- ⓕ **la tarea** 라 따레아 — 숙제, 과제

머리에 쏙 들어오는 해설

 **Vamos a ir**　　　　　　　　　　가자, 갑시다!

바모스 아
Vamos a + **동사원형**은 권유, 제안하는 표현으로 ~합시다, ~하자의 뜻으로 쓰인다.

Vamos a +  동사원형　(우리) ~ 합시다, ~ 하자!

예) Vamos a ir al cine. = Vamos al cine.
　　바모스 아 이르 알 씨네　　　바모스 알 씨네
　　영화관에 갑시다.

▶ **Vamos** 바모스 ir 이르 가다의 1인칭 복수 현재형
▶ ir 불규칙 동사 변화 p118 참고　

참고

ir 동사 + a + 동사원형　　　　~할 것이다

ir + **a** + **동사원형**은 ~할 것이다란 뜻의 미래형으로, 영어의 be going to와 동일하다.

ir 동사 + **a** +  동사원형　~ 할 것이다
＝
be going to + 동사원형

· Voy a tomar café.　　　　나는 커피를 마실 것이다.
　보이 아 또마르 까페
· ¿Vas a estudiar el inglés?　너는 영어를 공부할거니?
　바스 아 에스뚜디아르 엘 잉글레스
　　　　　　　　　　　　▶ el inglés 엘 잉글레스 영어

 **Lo siento** 　　　　　　　　　　유감으로 생각 해

siento 시엔또는 sentir 센티르 느끼다, 유감으로 생각하다 의 1인칭 단수 현재형이다.
일반적으로 Lo siento로 시엔또는 상대방 의견에 대하여 따르고 싶지만 따르지 못해 유감으로 생각한다 혹은 어떤 좋지 않은 일을 보고 참 안됐다는 뜻으로 쓰이는 관용구로 쓰인다.

로 시엔또
Lo siento　　유감으로 생각하다
　　　　　　　참 안됐다 (관용구)

비슷한 표현으로는 아래와 같은 것들이 있다.

예) Perdón.　　　　　　　죄송합니다, 실례합니다.
　　 뻬르돈
　A: Disculpa.　　　　　미안합니다.
　　 디스꿀빠
　B: No pasa nada.　　 괜찮습니다.
　　 노 빠사 나다

 **¿Que te parece...?** 　　　　~은 어때?, 어떻게 생각하니?

parece 빠레쎄 는 parecer 빠레쎄르 ~으로 보이다, 생각되다의 3인칭 단수 현재형이며, 상대방의 의견을 묻는 표현이다. 뒤에 오는 명사의 수(단수/복수)에 따라 parece 빠레쎄, parecen 빠레쎈으로 바뀐다.

께 떼 빠레쎄
¿ **Que te parece** + 단수명사 ? ~은 어때?
께 떼 빠레쎈　　　　　　　　　　~은 어떻게 생각해?
　 Que te parecen + 복수명사

예) ¿Qué te parece este vestido?　　이 옷 어때?
　　 께 떼 빠레쎄 에스떼 베스띠도
　　　　　　　　　　　　　　　　　▶ el vestido 엘 베스띠도　옷, 원피스

　　¿Qué te parece el domingo?　　일요일은 어때?
　　 께 떼 빠레쎄 엘 도밍고
　　　　　　　　　　　　　　　　　▶ el domingo 엘 도밍고　일요일

 요일의 표현은 ser 세르 ~이다 동사의 보어일때를 제외하고 남성 정관사 el을 수반한다.

▶ 요일

요일	월요일	화요일	수요일	목요일	금요일	토요일	일요일
스페인어	lunes 루네스	martes 마르떼스	miércoles 미에르꼴레스	jueves 후에베스	viernes 비에르네스	sábado 사바도	domingo 도밍고

복수가 되면 매주 ~요일이라는 뜻이 된다. 토요일과 일요일은 -s를 붙이고 나머지는 남성 정관사 복수인 los를 붙인다.

　　los domingos　　매주 일요일
　　로스 도밍고스

　　los viernes　　매주 금요일
　　로스 비에르네스

04 tampoco　　　　　　　　　　　　　~도 역시 아니다

también 땀비엔은 ~도 역시 (~하다)로 상대방이 하는 말에 대해 동감할때 쓰는 표현이다. 긍정이면 también 땀비엔을, 부정이면 tampoco 땀뽀꼬를 쓴다.

긍정　○　**también** (땀비엔)　~도 역시 ~하다

부정　✕　**tampoco** (땀뽀꼬)　~도 역시 ~이 아니다

A: ¿A dónde vas?　　　　　어디 가니?
　 아 돈데 바스
B: Voy al centro, ¿y tú?　　시내에 가는 길이야. 너는?
　 보이 알 쎈뜨로, 이 뚜
A: Yo, también.　　　　　　나도, (시내에 가는 길이야.)
　 요, 땀비엔

A: No tengo dinero.　　　　나 돈 한 푼도 없어.
　 노 뗑고 디네로
B: Yo, tampoco.　　　　　　나도 마찬가지야. (돈 한푼 없어)
　 요, 땀뽀꼬

 # 여러가지 표현

 Track 12

quiere decir
끼에레 데씨르
의미한다

---

querer 께레르 '~하고 싶다' 동사는 'decir 데씨르 말하다'와 함께 쓰여 'significar 시그니피까르 ~의미하다'의 뜻을 나타낸다.

께레르   데씨르   시그니피까르
querer decir = **significar** ~의미하다

예 ¿Qué quiere decir eso? = ¿Qué significa eso?
께 끼에레 데씨르 에소   께 시그니피까 에소
그게 무슨 뜻입니까?

parecer
빠레쎄르
~으로 보이다, 생각되다

 ¿Qué te parece esto?
께 떼 빠레쎄 에스또
이거 어때?

 No me parece bien.
노 메 빠레쎄 비엔
좋은 것 같지 않아.

 ¿Qué le parecen estos zapatos?
께 레 빠레쎈 에스또스 사빠또스
이 구두 어때?

 Me parecen bien.
메 빠레쎈 비엔
좋아 보여.(좋은 것 같아)

127

11 ¿Te gusta la tequila?
데낄라를 좋아하니?

Manuel

¿Te gusta la tequila?
떼 구스따 라 떼낄라

Linda

Sí, me gusta mucho.
씨, 메 구스따 무초
Pero ahora no quiero.
뻬로 아오라 노 끼에로

Entonces, ¿quieres tomar cerveza?
엔똔쎄스, 끼에레스 또마르 쎄르베사

No, prefiero jugo de naranja.
노, 쁘레피에로 후고 데 나랑하

Bueno, yo quiero tomar cerveza.
부에노, 요 끼에로 또마르 쎄르베사
Tengo sed.
뗑고 쎋

128

기호 : 마누엘과 린다가 바에서 대화를 합니다. 잘 들어보세요!

해석

	마누엘	데낄라를 좋아하니?
	린다	그래, 아주 좋아해. 그렇지만 지금은 싫어.
	마누엘	그러면, 맥주를 마실래?
	린다	아냐, 난 오렌지 주스가 더 좋아.
	마누엘	좋아, 난 맥주를 마실래. 목이 말라.

Track 13

- (f) **la tequila** 라 떼낄라 — 데낄라 » 술 종류
- (ad) **ahora** 아오라 — 지금
- (v) **tomar** 또마르 — 마시다, 먹다
- (f) **la cerveza** 라 쎄르베싸 — 맥주
- (v) **prefiero** 쁘레피에로 — 선호한다 **preferir** 쁘레페리르 선호하다의 1인칭 단수 현재형
- (m) **el jugo** 엘 후고 — 쥬스, 즙
- (f) **la naranja** 라 나랑하 — 오렌지
- (f) **la sed** 라 쎌 — 목마름, 갈증

129

머리에 쏙 들어오는 해설

 **¿Te gusta ...?** ~을 좋아하니?

gustar 구스따르는 ~을 좋아하다, ~을 즐겁게 하다의 뜻을 가지고 있는데 그 용법이 좀 특이하다. 즉, 간접목적어가 우리말의 주어 역할을 한다. 대개 3인칭 단·복수만을 사용한다.

예 Nos gusta la cerveza. 우리는 맥주를 좋아합니다.
노스 구스따 라 쎄르베싸
▶ la cerveza 라 쎄르베싸 맥주

A: ¿Te gusta el perro? 개 좋아하니?
떼 구스따 엘 뻬르로

B: Sí, me gusta (mucho). 응, (많이) 좋아해.
씨, 메 구스따 (무쵸)

No, no me gusta. 아니, 좋아하지 않아.
노, 노 메 구스따

인칭대명사 : 목적격

인칭대명사 중 직접목적격 즉, 누구를, ~을/를 의 의미로 사용되는 인칭대명사를 직접 목적격 인칭대명사 라고 부른다.

직접 목적격 인칭대명사	
단수	복수
me 메 나를 te 떼 너를	nos 노스 우리들을 os 오스 너희들을
le 레 그를 / la 라 그녀를 lo 로 그것을	les 레스 그들을 / las 라스 그녀들을 los 로스 그것들을

직접 목적격이 3인칭 남성인 경우, lo로 대신에 le레를 사용하는 경우가 많다.

인칭대명사 중 간접목적격 즉, 누구에게의 의미로 사용되는 인칭대명사를 간접목적격 인칭대명사라고 한다.

간접 목적격 인칭대명사	
단수	복수
me 메 나에게 te 떼 너에게	nos 노스 우리들에게 os 오스 너희들에게
le(se) 레(세) 그에게 / 그녀에게 / 당신에게 그것에게	les(se) 레스(세) 그들에게 / 그녀들에게 / 당신들에게 그것들에게

만약 간접·직접 목적격이 모두 3인칭인 경우, le레도 les레스도 사용하지 않고 se쎄를 사용한다.

 **prefiero**   나는 ~을 선호하다

prefiero 쁘레피에로는 preferir a 쁘레페리르 아 ~보다 좋아하다, 차라리 ~을 택하다의 1인칭 단수 현재형이다.

a아는 preferir 쁘레페리르 동사 뒤에서 ~보다 라는 의미이다. a아 대신에 o오를 사용하면, o오는 혹은, 또는의 뜻으로 영어의 or 과 같은 뜻이다.

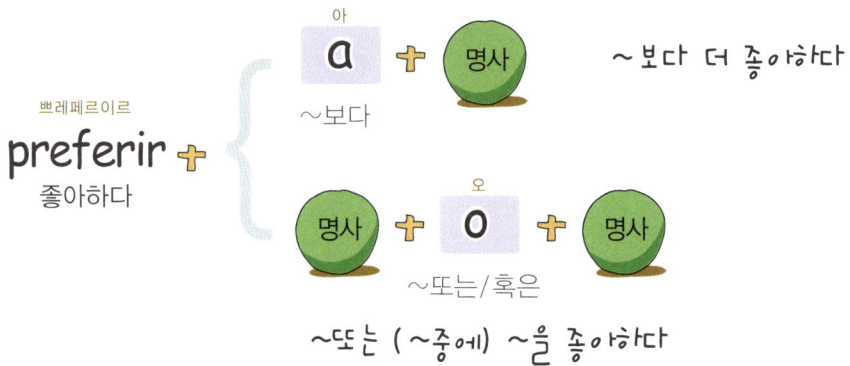

A: ¿Quieres beber cerveza?   맥주 마실래?
    끼에레스 베베르 쎄르베싸
B: No, prefiero comer.   아니야, 차라리 식사할래.
    노, 쁘레피에로 꼬메르

A: ¿Qué prefiere usted, cerveza o vino?
    께 쁘레피에레 우스뗃, 쎄르베싸 오 비노
    맥주 또는 포도주 중에서 무엇을 더 좋아합니까?
B: Prefiero vino.
    쁘레피에로 비노
    포도주를 더 좋아합니다.

A: ¿Quiere usted tomar cerveza?   맥주를 드시겠습니까?
    끼에레 우스뗃 또마르 쎄르베싸
B: No, gracias. Prefiero vino.   아니오, 고맙습니다만, 포도주로 하겠습니다.
    노 그라시아스, 쁘레피에로 비노

숫자 읽기 III
"이것만은 꼬~옥 알고 넘어가자"

101	ciento uno 씨엔또 우노
102	ciento dos 씨엔또 도스
103	ciento tres 씨엔또 뜨레스
114	ciento catorce 씨엔또 까또르쎄

200 **doscientos(tas)** 도씨엔또스(따스)
200~900까지는 남성, 여성이 구별된다

300	trescientos(tas) 뜨레씨엔또스(따스)
400	cuatrocientos(tas) 꾸아뜨로씨엔또스(따스)
500	quinientos(tas) 끼니엔또스(따스)
600	seiscientos(tas) 쎄이씨엔또스(따스)
700	setecientos(tas) 쎄떼씨엔또스(따스)
800	ochocientos(tas) 오초씨엔또스(따스)
900	novecientos(tas) 노베씨엔또스(따스)

1.000 **mil** 밀
mil 로 쓰며 복수형이 없다.

1.001	mil uno(na) 밀 우노(나)
2.000	dos mil 도스 밀
3.000	tres mil 뜨레스 밀

1.000.000 **un millón** 운 미욘
천단위에서 (.) 사용에 주의

millión 은 명사로 사용되므로, 뒤에 오는 다른 명사를 수식하기 위해서는 반드시 전치사 de가 필요하다.

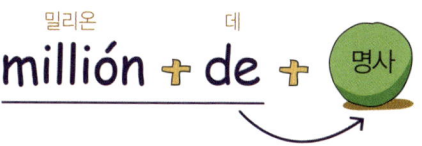

밀리온　데
millión + de + 명사

예　un millión de libros 운 미욘 데 리브로스　백만 권의 책

여러가지 표현

tener　Track 13

tener
떼네르
가지다

▶ '가지다' 의 뜻이지만, 명사와 함께 여러 가지 표현을 나타낸다.

¿Qué te pasa?　무슨 일이니?
께 떼 빠사

Tengo hambre.
뗑고 암브레
배가 고프다.

Tengo sed.
뗑고 쎋
목이 마르다.

Tengo frío.
뗑고 프리오
춥다.

Tengo calor.
뗑고 깔로르
덥다.

Tengo fiebre.
뗑고 피에브레
열이 난다.

Tengo dolor de cabeza.
뗑고 돌로르 데 까베사
머리가 아프다.

Tengo prisa.
뗑고 쁘리사
급하다.

축하 표현

¡Feliz Navidad!　메리 크리스마스!
펠리스 나비닫

¡Feliz año nuevo!　새해 복 많이 받으세요!
펠리스 아뇨 누에보

¡Feliz cumpleaños!　생일 축하해!
펠리스 꿈쁠레아뇨스

¡Salud!　건배!
살룯

La Cultura — EMU와 EU

EMU를 통화통합 또는 통화동맹이라고 부르는 데, 정식명칭은 유럽경제통합 European Economic and Monetary Union이다. 따라서 EMU의 출범은 단순히 단일통화의 출범만을 의미하는 것은 아니며, 화폐 단일화를 통한 단일시장으로서의 통합을 총체적으로 지칭하는 말이다. EMU에 참가해 단일통화 EURO를 도입하는 국가들은 스페인, 독일, 프랑스, 벨기에, 룩셈부르크, 네덜란드, 오스트리아, 아일랜드, 이탈리아, 포르투갈, 핀란드 등 27개 EU회원국이 있다.

유로화는 영국, 스웨덴, 덴마크를 제외한 EMU 참가 11개국이 '99년 1월부터 도입한 단일통화의 이름이며, 2002년 1월 1일부터 지폐와 주화 형태로 전면적으로 시중에 유통되기 시작했다.

◀ EU 회원국

135

12　오늘은 12월 5일이다.
Estamos a 5 de diciembre.

Linda　　¿A qué estamos hoy?

Manuel　　Estamos a 5 de diciembre.

Sí. Mañana es el cumpleaños de Luis.

¿De verdad? No lo sabía.

Vamos a comprar algo para él.

Es una buena idea.

날짜 : 린다와 마누엘이 날짜에 대해 이야기 합니다. 잘 들어보세요!

해석

	린다	오늘이 며칠이지?
	마누엘	오늘은 12월 5일이야.
	린다	그래. 내일이 루이스 생일이야.
	마누엘	(그게) 사실이니? 몰랐어.
	린다	그를 위해 뭐 사러가자.
	마누엘	좋은 생각이야.

Track 14

diciembre	12월 = December
ⓜ el cumpleaños	생일 》 항상 복수형으로 쓰임
ⓥ comprar	사다, 구매하다
algo	어떤 것, 무엇인가 》 사물의 양을 나타내는 부정어 / 약간, 얼마간
para	~을(를) 위해서
ⓕ la idea	생각

137

머리에 쏙 들어오는 해설

 Estamos a 5 de diciembre   오늘은 12월 5일입니다

Estamos a~ 에스따모스 아 는 우리는 ~날짜에 있다 즉, 오늘은 ~일이다 라는 뜻이다. 날짜 앞에 정관사 el이 붙지 않는 것에 주의한다.

Estamos(에스따모스) + a(아) + 숫자   오늘은 ~일이다

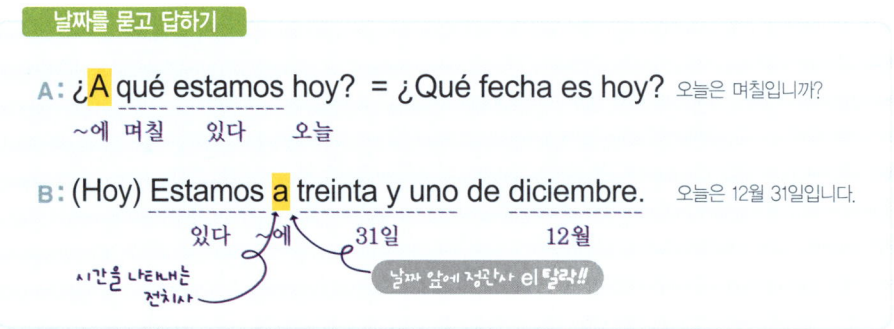

날짜를 묻고 답하기

A: ¿A qué estamos hoy? = ¿Qué fecha es hoy? 오늘은 며칠입니까?
    ~에 며칠   있다   오늘

B: (Hoy) Estamos a treinta y uno de diciembre. 오늘은 12월 31일입니다.
    있다 ~에   31일   12월

시간을 나타내는 전치사
날짜 앞에 정관사 el 탈락!!

 ~일, ~월, ~년

el + 숫자 , de + 월 명칭 , de + 년도 숫자
    ~일   ~월   ~년

예) El 6 de febrero de 2011.   2011년 2월 6일
Estamos a primero (uno) de marzo.   오늘은 3월 1일 (첫째날) 입니다.

'1일'의 경우만 서수를 쓰기도 한다.

▶ 월 mes

월	1월	2월	3월	4월	5월	6월
스페인어	enero 에네로	febrero 페브레로	marzo 마르쏘	abril 아브릴	mayo 마요	junio 후니오
월	7월	8월	9월	10월	11월	12월
스페인어	julio 훌리오	agosto 아고스또	septiembre 쎕띠엠브레	octubre 옥뚜브레	noviembre 노비엠브레	diciembre 디씨엠브레

》 mes 월 에는 관사가 붙지 않는다.

▶ 4계절

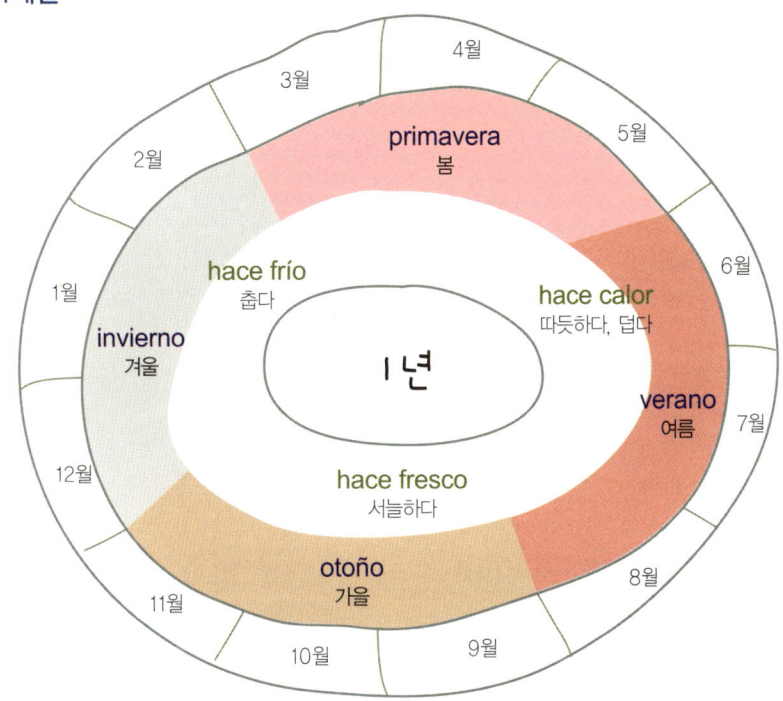

예 Estamos en verano. (지금) 여름이다.

날씨

despejado 맑음　la lluvia 비　el nieve 눈

¿De verdad?　　　　그래요? 그게 사실입니까?

상대방이 말한것에 대해, 다시 한 번 확인할 때 되물어 보는 표현으로 자주 사용된다.

예　A : ¿Cuándo viene Luis?　　　루이스는 언제 옵니까?

　　B : Él viene aquí pasado mañana.　모레 여기에 옵니다.

　　A : ¿De verdad?　　　　　　　그래요? (그게 사실입니까?)

 No lo sabía　　　　　　몰랐었어

주어 Yo가 생략되었으며, sabía는 나는 알고 있었다 의 뜻으로 saber 의 1인칭 단수 불완료과거형이다.

▶ 불완료과거형 p142 참고

lo는 sabía 의 직접 목적어로 그것을, 그 사실을이라는 뜻으로, 본문에서는 윗 문장 전체를 받는다. 윗 문장은 본문에서 (내일이 루이스의 생일이라는) 것을 몰랐었다 라는 의미이다.

목적격 인칭 대명사는 이미 앞과 ▶ p131 참고 에서 학습하였다.

 Es una buena idea　　　　좋은 생각이다

영어의 It's a good idea와 같은 뜻이다.

간단히 알고 넘어가는 동사활용 불완료 과거형 ①

∷ 직설법 불완료 과거란?

스페인어의 과거 시제는 크게 **불완료 과거**와 **단순부정과거**로 나뉜다.

불완료 과거는 과거에 있어서 주어의 동작 상태가 계속되고 있었고 현재는 완료된 상태를 표현하는 것이다. 즉, **~하고 있었다, ~를 하곤 했다** 는 의미로 쓰인다.

단순부정과거는 단순히 일반적인 과거나 역사적 사실을 나타내며, **~했다** 는 의미이다.

이번과에서는 불완료 과거에 대해 알아보자.

과거시제 {
- 불완료과거 : 과거의 동작상태가 계속되거나 반복됨을 나타냄
- 단순부정과거 : 일반적인 과거, 역사적 사실 등 ➡ p179 참고

표시방법
- 모든 동사의 불완료과거에서는 1·3인칭단수형이 같기 때문에 인칭 구별을 위하여 주어를 생략하지 않는 것이 일반적이다.
- 과거에 있어서 계속되고 있던 동작, 상태를 서술하는 것으로 언제 시작해서 언제 끝났는지 알기 어려운 상태를 나타낸다.

∷ 규칙동사의 활용 - 불완료 과거형

영어의 과거 완료에 해당하며, 과거의 어느 시점에 과거의 어느 동작이나 상태가 계속되고 있음을 나타낸다.

① **-ar 동사** 로 끝나는 동사는 -ar 대신에 -aba, -abas, -aba, -ábamos, -abais, -aban 로 변화한다.

② **-er 동사**, ③ **-ir 동사** 로 끝나는 동사는 -er / -ir 대신에 -ía, -ías, -ía, -íamos, -íais, -ían 을 붙여 불완료 과거형을 만든다.

간단히 알고 넘어가는 동사활용 불완료 과거형 ①

① -ar 동사 -aba, -abas, -aba, -ábamos, -abais, -aban

★ **estudiar** 공부하다

단수			복수		
Yo	나	estudiaba	Nosotros	우리들	estudiábamos
Tú	너	estudiabas	Vosotros	너희들	estudiabais
Usted Él Ella	당신 그 그녀	estudiaba	Ustedes Ellos Ellas	당신들 그들 그녀들	estudiaban

② -er 동사 -ía, -ías, -ía, -íamos, -íais, -ían

★ **comer** 먹다

단수			복수		
Yo	나	comía	Nosotros	우리들	comíamos
Tú	너	comías	Vosotros	너희들	comíais
Usted Él Ella	당신 그 그녀	comía	Ustedes Ellos Ellas	당신들 그들 그녀들	comían

③ -ir 동사 -ía, -ías, -ía, -íamos, -íais, -ían

★ **vivir** 살다

단수			복수		
Yo	나	vivía	Nosotros	우리들	vivíamos
Tú	너	vivías	Vosotros	너희들	vivíais
Usted Él Ella	당신 그 그녀	vivía	Ustedes Ellos Ellas	당신들 그들 그녀들	vivían

 ser ~이다, ir 가다, ver 보다는 불규칙하게 변화한다. ▶ p195 참고

여러가지 표현

날짜, 요일 La facha  Track 14

¿Qué día es hoy?   오늘은 무슨 요일입니까?

A : ¿Qué día (de la semana) es hoy?   오늘은 무슨 요일입니까?
B : Hoy es viernes.   오늘은 금요일입니다.

▶ la semana 주(week)

A : ¿En qué día cae el 5 de mayo?   5월 5일은 무슨 요일입니까?
B : Es martes.   화요일입니다.

▶ cae 》 caer 떨어지다 (운, 직장, 일이) 들어맞다, 해당되다 의 3인칭 단수 현재형

A : ¿Cuál es el día de su cumpleaños?   당신 생일은 몇 일입니까?
B : Es 18 de marzo.   3월 18일입니다.

▶ el cumpleaños 생일

¿Qué fecha ...?   며칠에 ~ 합니까?

¿Qué fecha sale (Ud.) para España?
며칠에 스페인으로 출발합니까?

Salgo el (día) 20 de diciembre.
12월 20일에 출발합니다.

▶ salgo / sale 나는/당신은 출발하다 》 salir의 1인칭·3인칭 단수 현재형
✽ 현재형은 때로는 미래형의 뜻으로 쓰인다

143

13   얼마입니까?
¿Cuánto cuesta?

Linda

¿Cuánto cuesta esta blusa blanca?

El dependiente

Treinta euros.

¿Se puede pagar con tarjeta?

Sí, por supuesto.

¿Cuánto vale aquella falda roja?

Veinte euros. ¿Algo más?

Nada más.
Voy a pagar con tarjeta las dos.

Son cincuenta euros en total. Gracias.

가격 : 린다가 상점에서 쇼핑중입니다. 잘 들어보세요!

해석

	린다	이 흰색 블라우스는 얼마입니까?
	점원	30유로입니다.
	린다	카드로 지불해도 됩니까?
	점원	예, 물론이죠.
	린다	저 빨간색 치마는 얼마입니까?
	점원	20유로입니다.
		더 필요하신 것이 있습니까?
	린다	없습니다.
		두 벌 값은 카드로 지불할게요.
	점원	전부 50유로입니다. 감사합니다.

Track 15

- la blusa — 블라우스
- blanco(a) — 흰색의
- el treinta — 30, 서른
- el euro — 유럽연합(EU)의 화폐단위
- pagar — 지불하다, 불입하다
- la tarjeta — 카드
- vale — valer 가치가 있다의 3인칭 단수 현재형
- aquel(lla) — 그, 저
- la falda — 치마
- rojo(a) — 빨간색의
- más — 보다 더, 더 많이 » mucho 의 비교급
- nada — 아무 것, 아무 일(도 없다) ⇨ 대명사라 정관사 la가 붙지 않는다
- total — 합계의, 전체의

머리에 쏙 들어오는 해설

 ¿Cuánto cuesta? 얼마입니까?

cuánto 는 분량, 수량, 정도, 값에 대한 의문사이다.

cuánto 분량, 수량, 정도, 값
의문사

cuesta는 costar 비용이 들다, (값이) ~이다; 노력, 희생이 들다 의 3인칭 단수 현재형이다. costar는 주어가 복수가 되면 동사의 복수형 cuestan으로 바뀐다

 A : ¿**Cuánto cuestan** estos zapatos?
　　이 구두는 얼마입니까?

　B : **Cuestan** cincuenta **euros**.
　　50유로입니다.

바꾸어 쓸 수 있는 다른 표현으로는,

 A : ¿**Cuánto vale** esta corbata?
　　이 넥타이는 얼마입니까?

　B : **Vale** setenta **dólares**.
　　70달러입니다.

▶ la corbata 넥타이

　A : ¿**Cuánto es** eso?
　　그것은 얼마입니까?

　B : **Es** treinta mil **wones**.
　　3만원입니다.

▶ won 원 》 복수형 wones

pagar con tarjeta (신용)카드로 지불하다

pagar 편지, 소포등을 지불하다, 계산하다 의 뜻으로, con은 ~으로 이라는 수단, 방법의 의미로 쓰였다.

   ~로

예 A : ¿Quiere usted pagar con tarjeta o en efectivo?
카드로 지불하시겠습니까? 아니면 현금으로 지불하시겠습니까?

B : Quiero pagar en efectivo.
현금으로 지불하겠습니다.

▶ el efectivo 현금

A : ¿Aceptan Uds. tarjeta de crédito?
신용카드도 받습니까?

▶ el crédito 신용, 신망
aceptan ≫ aceptar 받다, 수용하다 의 3인칭 복수 현재형

B : Sí, por supuesto.
예, 물론이죠.

 **por supuesto** 기꺼이, 두말할 것 없이

상대방의 ~해도 되느냐? 는 물음에 대하여, 이를 허용하는 표현으로 cómo no 물론이죠 도 같은 의미로 쓰인다.

por supuesto = cómo no 물론이죠(=기꺼이)

예 A : ¿Puedo llevar este libro?
이 책을 가져가도 되겠습니까?

B : Sí, por supuesto.
예, 물론이죠 (가져가세요).

A : ¿Puedo sentarme aquí?
여기 앉아도 될까요?

B : Sí, cómo no.
예, 물론이죠 (앉으세요).

▶ sentarme ≫ sentarse 앉다 의 1인칭 단수형

04 algo más — 어떤 것이 더 / 무엇인가 더 (필요합니까?)

algo는 어떤 것, 무엇이라도, 다소, 얼마간 의 뜻을 가지며 항상 단수로 쓰인다.
más는 mucho 많이 의 비교급으로 더 ~, 한번 더 의 의미로 사용된다.

예
A : ¿(Quiere comprar) Algo más?
사시고 싶은 게 더 있습니까?

B : Nada más.
(더 필요한 것이) 없습니다.

más의 용법

비교급 más(menos) + 형용사·부사 + que ~

más(menos) + 형용사·부사 + que ~   ~보다 더(덜) ~하다

예 Este reloj es más(menos) caro que aquél.
이 시계는 저것보다 더(덜) 비싸다.

최상급 정관사·소유형용사 + más + 형용사·부사 + de·entre

정관사·소유형용사 + más + 형용사·부사 + de / entre ~   가장 ~ 하다

예 Este reloj es el más caro de todos.   이 시계는 모든 것 중에서 가장 비싸다.
Esta cama es la más barata entre éstas.   이 침대는 이것들 중에서 가장 싸다.

▶ barato(a) 값이 싼

여러가지 표현

상점에서 Track 15

¿En qué puedo servirle [a usted]? 무엇을 도와 드릴까요?

▶ 백화점 등에서 손님이 가게 안으로 들어올 때 점원이 손님에게 쓰는 말이다.

desear = querer 원하다, 바라다

¿Qué desea [quiere] usted?
무엇을 원하십니까?

▶ deseo/ desea 》 desear 원하다, 바라다의 1·3인칭 단수 현재형
querer의 1·3인칭 단수 현재형인 quiero/quiere를 사용해도 같은 의미이다

Deseo comprar un par de zapatos negros.
검정색 구두 한 켤레 사고 싶습니다.

▶ los zapatos 구두 (항상 복수형으로 사용)

¿Tienen ustedes corbatas?
(손님이 점원에게) 넥타이 있습니까? (넥타이를 찾고 있습니다.)

Un momento, por favor.
잠깐만 기다려 주십시오.

잠시 후, 물건을 가져와서 보여주며 …

¿Le gustan éstas?
이것들이 마음에 드십니까?

스페인에서 통하는 회화따라하기 Track 15

상점에서

 Buenas tardes, señora.
안녕하세요, 아주머니(사모님).
¿En qué puedo servirle (a Ud.)?
무엇을 도와드릴까요?

 Deseo comprar un par de zapatos negros del número treinta y seis.
사이즈 36의 검정색 구두를 사고싶습니다.

▶ un par de zapatos 구두 한 켤레
el número 숫자 》 여기서는 사이즈

 Un momento, por favor. ¿Le gustan éstos?
잠깐만요(기다려 주십시오). 이것들은 마음에 드십니까?

▶ éstos 이것들 》 지시대명사

¿Le gustan éstos?
이것들은 마음에 드십니까?

Sí, son muy bonitos.
예, 아주 예쁘군요.

잘 듣고 따라 해 보세요~

 Sí, son muy bonitos. ¿Cuánto cuestan?
예, 아주 예쁘군요. 얼마나 합니까?

 Son veinte euros.
20유로입니다.

 Muy bien. Voy a comprarlos.
좋습니다. 이걸로 하겠습니다.

 ¿Algo más?
더 필요하신 게 있습니까?

 Nada más.
없습니다.

 Muchas gracias, señora. Adiós.
대단히 감사합니다, 부인. 안녕히 가십시오.

 Adiós.
안녕히 계십시오.

14 ¿Qué tiempo hace hoy?

오늘 날씨는 어떻습니까?

La Madre — ¿Qué tiempo hace hoy, Luisa?

Luisa — Hace buen tiempo, pero hace viento.

¿Hace calor?

No, no hace calor, hace fresco, pero no llueve.

Entonces, lleva la chaqueta roja.

Sí, mamá.

날씨 : 루이사가 외출하기 전 어머니와 나누는 대화입니다. 잘 들어보세요!

해석

	어머니	루이사, 오늘 날씨 어때?
	루이사	좋은 날씨예요, 그렇지만 바람이 불고 있어요.
	어머니	날씨가 덥니?
	루이사	아니오, 덥지 않아요, 시원하지만 비는 오지 않아요.
	어머니	그럼, 빨간 자켓을 입어라.
	루이사	예, 엄마.

Track16

- ⓐ bueno(a) — 좋은
- ⓜ el viento — 바람
- ⓜ el calor — 더위, 열
- ⓐ fresco(a) — 신선한, 서늘한
- ⓥ llueve — 비가 온다, 비가 오고 있다 » llover의 3인칭 단수 현재형
- ⓕ la chaqueta — 자켓
- ⓐ rojo(a) — 빨간색의, 붉은

머리에 쏙 들어오는 해설

 ¿Qué tiempo hace hoy?   오늘 날씨 어때?

tiempo는 때, 시간, 계절, 날씨, 박자를 가리키는 말이다. 날씨를 묻는 표현은 hacer + **날씨를 나타내는 말**로 표시하는데, 항상 3인칭 단수형 hace로 시작한다.
단, 비나 눈이 온다는 표현은 llover, nevar 동사의 3인칭 단수를 사용한다.

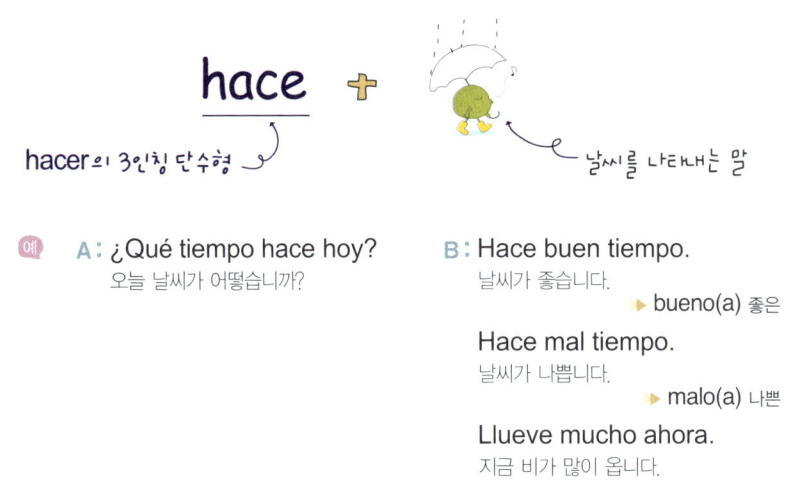

예 **A:** ¿Qué tiempo hace hoy?
오늘 날씨가 어떻습니까?

B: Hace buen tiempo.
날씨가 좋습니다.
▶ bueno(a) 좋은

Hace mal tiempo.
날씨가 나쁩니다.
▶ malo(a) 나쁜

Llueve mucho ahora.
지금 비가 많이 옵니다.

 Entonces, lleva la chaqueta roja.   그럼, 빨간 자켓을 입어라

lleva는 llevar ~을 입다, 입고 있다 의 3인칭 단수 현재형이자 2인칭 단수 명령형이다.
여기서는 tú 너에 대한 명령형이다. 명령형에 관한 것은 ▶ p156 참고 에서 학습하자.

llevar ~을 입고 있다 = lleva 입어라
                                      tú 너 에 대한 명령형

예 Lleva la falda.
치마를 입어라.

Lleva los zapatos negros, Luisa.
루이사, 검은색 신발을 신어라.

03 La chaqueta es roja. 쟈켓은 빨간색이다

색깔을 나타내는 말도 어미가 변화한다.

주어 S + ser + 색깔 = ~색깔이다

~이다

색깔은 형용사이므로 관사가 붙지 않는다.

▶ ser 동사 변화 – p59 참고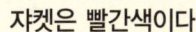

예 La falda es roja.   스커트는 빨갛다.
    Los zapatos son negros.   구두는 검정색이다.
    Las blusas son amarillas. 블라우스는 노란색이다.

▶ 패션 la moda

el jersey 스웨터

la falda 치마

los pantalones 바지

la camiseta 티셔츠

el abrigo 외투, 코트

la corbata 넥타이

el vestido 원피스

el traje 양복

간단히 알고 넘어가는 명령형

:: 명령형이란?

명령형은 상대방에 대한 명령이나, 요구 부탁을 표현한다.

① -ar 동사 여기서는 우선 2인칭을 중심으로 설명하겠다.

▶ p76 hablar 동사 참조

-ar 동사 ➡ 단수 ~o ➡ ~a
1인칭 단수 현재형의 어미 ~o ➡ ~a로 바꾼다.

tú 너 에 대한 명령형은 결국, 어미가 3인칭 현재형과 같아진다.

-ar 동사 ➡ 복수 ~r ➡ ~d
동사원형의 어미 ~r ➡ ~d로 바꾼다.

	평서문	명령문
단수	Tú hablas en español. 너는 스페인어를 말한다.	Habla en español. 스페인어로 말해라. (너는)
복수	Vosotros habláis en español. 너희들은 스페인어를 말한다.	Hablad en español. 스페인어로 말을 해라. (너희들은)

▶ habla 말해라 》 hablar 말하다 의 2인칭 명령형으로 복수형은 hablad 너희들은 말해라

② -er, -ir 동사 1인칭 단수 현재형의 어미를 ~o ➡ ~e로 바꾸면 2인칭 단수 명령형이 된다.

-er 동사 / -ir 동사 ➡ ~o ➡ ~e
어미가 3인칭 현재형과 같다.

평서문		명령문	
Tú comes el pan.	빵을 먹는다.	**Come** el pan.	빵을 먹어라.
Duermes temprano.	일찍 잔다.	**Duerme** temprano.	일찍 자라.

▶ come 먹어라 》 comer 먹다 의 2인칭 단수 명령형
　duerme 잠자라 》 dormir 잠자다 의

② venir, decir 등의 동사　불규칙 동사로 그냥 외워야 한다.

Ven aquí.　이리 오너라.

Di la verdad.　사실을 말하여라.

▶ ven 오너라 》 venir 오다 의 2인칭 단수 명령형

 p94 venir 동사 참조

di 말하여라 》 decir 말하다, 이야기하다 의 2인칭 단수 명령형

2인칭을 상대로 하는 명령형은

① 2인칭 단수 **tú** 의 경우, 직설법현재 3인칭 단수 현재형과 같다.

　　2인칭 단수의 명령형　=　3인칭 단수 현재형

② 2인칭 복수 **vosotros** 의 경우, 동사원형의 어미 **-r** 을 **-d**로 바꾸어서 사용한다.

　　2인칭 복수의 명령형　=　**-r ➡ -d**

③ 2인칭을 상대로 하는 명령문에선 항상 주어를 생략한다.

④ 대부분 이 원칙을 따르나 일부 불규칙명령형은 예외이다.

알아두어야 할 기본 색깔

색깔 color

¿Qué color desea?
어떤 색깔을 원하세요?

Rojo, por favor.
빨강색으로 주세요.

blanco 흰색	negro 검정색	rojo 빨강색	amarillo 노랑색
azul 파란색	verde 초록색	violeta 보라색	rosa 분홍색
marrón / moreno 갈색	gris 회색	naranja 오렌지색	beige 베이지색

여러가지 표현

날씨 El tiempo Track 16

¿Qué tiempo hace hoy? 오늘 날씨가 어떻습니까?

A : ¿Qué tiempo hace hoy?
오늘 날씨가 어떻습니까?

B : Hace buen tiempo.
아주 좋습니다. (좋은 날씨입니다.)

Hace mal tiempo.
날씨가 아주 나쁩니다.

Hace calor. 덥습니다.

 Hace frío. 춥습니다.    Llueve. 비가 옵니다.    Nieva. 눈이 옵니다.

 Hace (Hay) sol. 해가 났습니다.    Hace (Hay) niebla. 안개가 끼었습니다.

Hace fresco. 서늘합니다.

- Está nublado.
구름이 끼었습니다.

- Está lloviendo.
비가 오고 있습니다.

- Está nevando.
눈이 내리고 있습니다.

- Parece que va a llover.
비가 올 것 같습니다.

15 ¿Qué hora es?
몇 시입니까?

Linda

Oiga, por favor, ¿cómo puedo ir a la Plaza de México?

Un señor

Primero, a la izquierda, y luego, todo recto.

Muchas gracias.
¿Qué hora es, Luis?

Luis

Son las seis en punto.
La película empieza a las seis y media, ¿no?

Sí, pero tenemos que darnos prisa.

시간 : 린다와 루이스가 영화를 보러가는 길입니다. 잘 들어보세요!

해석

	린다	여보세요. 멕시코 광장에는 어떻게 가죠?
	행인	먼저, 왼쪽으로 가시고 그 다음에 곧장 똑바로 가시면 됩니다.
	린다	대단히 감사합니다. 루이스, 지금 몇 시지?
	루이스	6시 정각이야. 영화는 6시 반에 시작하지, 그렇지?
	린다	그래, 하지만 우린 서둘러야 해.

Track 17

f	la plaza	광장
	México	멕시코 》 국가명
	a la izquierda	왼쪽으로
ad	todo	모든, 전부
ad	recto	곧게
f	la película	영화
v	empieza	(그것은) 시작하다 》 empezar 시작하다 의 3인칭 단수 현재형
v	dar	주다
f	la prisa	서두름, 조급함, 급함

머리에 쏙 들어오는 해설

 a la izquierda, y luego, todo recto
왼쪽으로 가시고, 그 다음에 곧장 똑바로 가시면 됩니다.

길을 설명할 때 쓰는 표현에는 다음과 같은 것이 있다.

방향

a la derecha	오른쪽으로
a la izquierda	왼쪽으로
todo recto	똑바로, 일직선으로

 ¿Qué hora es? 몇 시입니까?

horas는 시간이라는 뜻이다. ¿Tiene hora?도 시간을 묻는 표현이다.

시간

¿Qué hora es? 몇 시입니까?

❶ 시간 표현은 여성 정관사를 사용하는데, 1시 이외에는 복수형을 쓴다.

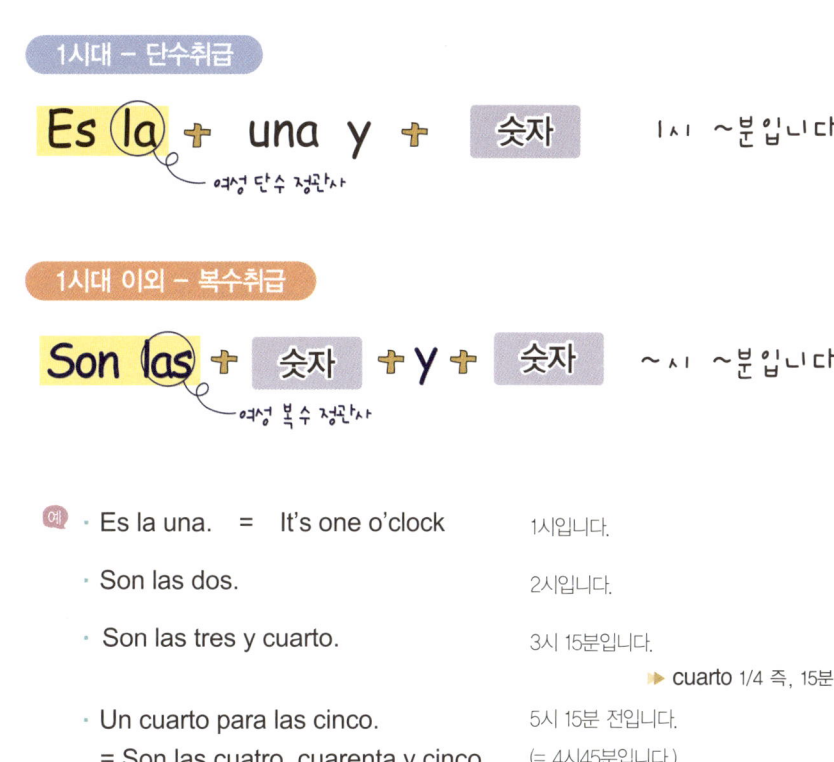

- Es la una. = It's one o'clock   1시입니다.
- Son las dos.   2시입니다.
- Son las tres y cuarto.   3시 15분입니다.
  ▶ cuarto 1/4 즉, 15분
- Un cuarto para las cinco.   5시 15분 전입니다.
  = Son las cuatro, cuarenta y cinco   (= 4시45분입니다.)

❷ de la mañana (tarde / noche) : 오전 (오후/ 밤)

| la mañana | la tarde | la noche |
| 오전 | 오후 | 밤 |

예 Son las siete de la mañana (tarde / noche).
오전(오후/ 밤) 7시 입니다.

❸ ~시에라는 표현은 전치사 a를 쓴다.

예 A: ¿A qué hora se levanta?
　　몇 시에 일어나십니까?

B: Me levanto a las seis de la mañana.
　　저는 아침 6시에 일어납니다

▶ se levanta / me levanto 일어나다
levantarse 일어나다, 기상하다 의 3·1인칭 단수 현재형

 단, 1시에는 las대신 la를 써서, a la una라고 한다.

▶ 시간 la hora

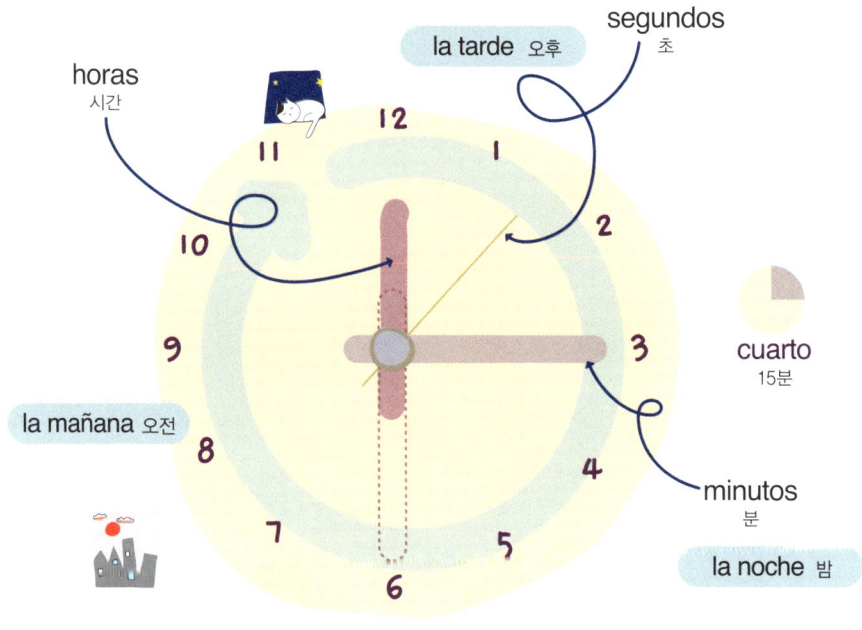

▶ p98, p106, p129 숫자 - 참조

164

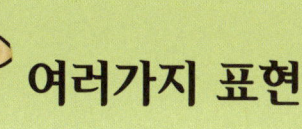

여러가지 표현

시간 La hora Track 17

¿Cuánto tiempo se tarda en…? …하는데 시간이 얼마나 걸립니까?

▶ tardarse 동사는 '~시간이 걸리다' 라는 뜻으로 사용된다.

A : ¿Cuánto tiempo se tarda en ir a la escuela?
학교까지는 시간이 얼마나 걸립니까?

B : (Se tarda) Unos quince minutos a pie.
걸어서 약 15분 걸립니다.

▶ a pie 걸어서, 도보로

A : ¿Cuánto tiempo se tarda en ir a tu casa?
너의 집까지 얼마나 걸려?

B : (Se tarda) Una hora en metro.
지하철로 1시간 걸려.

▶ en metro 지하철로
en avión 비행기로
en coche 자동차로

¿A qué hora …? 몇 시에 (~합니까)?

A : ¿A qué hora cierran los bancos en Corea?
한국의 은행들은 몇 시에 문을 닫습니까?

▶ cierran 닫다 》 cerrar 닫다의 3인칭 복수 현재형

B : Cierran a las cuatro y media.
4시 반에 문을 닫습니다.

A : ¿A qué hora empieza la clase?
수업은 몇 시에 시작합니까?

B : Empieza a las nueve de la mañana.
아침 9시에 시작합니다.

16 ¿Has esperado mucho?

많이 기다렸니?

Linda: ¿Has esperado mucho?

Manuel: No. Yo también acabo de llegar.

¿Ha llegado Luis?

No, pero va a llegar pronto.

¿Ya has conseguido el billete de avión?

Todavía no. Me duelen las piernas.

¡Pobre! ¿Te han dolido todo el día?

No, desde la tarde.

도착 : 린다가 친구들과 여행을 떠나기 위해 공항으로 갔습니다. 잘 들어보세요!

해석

린다	많이 기다렸니?
마누엘	아니야. 나 역시 이제 막 도착했어.
린다	루이스는 도착했니?
마누엘	아니, 하지만 곧 도착할거야.
린다	비행기표는 이미 구했니?
마누엘	아니, 아직. 나 다리 아파.
린다	안됐구나! 하루종일 아팠니?
마누엘	아니, 오후부터.

Track 18

	esperado	esperar 기다리다 의 과거분사형
ⓥ	acabo	acabar 끝내다, 완료하다 의 1인칭 단수 현재형 》 acabar de 막 ~하다
	llegado	llegar 도착하다 의 과거분사형
ⓐⓓ	pronto	곧
ⓐⓓ	ya	이미, 벌써
	conseguido	conseguir 얻다, 획득하다 의 과거분사형
ⓜ	el billete	표, 티켓
ⓜ	el avión	비행기
ⓥ	duele	아프다 》 doler 아프다 의 3인칭 단수 현재형
ⓐ	pobre	불쌍한
	todo el día	하루종일
	desde	~부터, ~이래

167

머리에 쏙 들어오는 해설

 ¿Has esperado mucho?   많이 기다렸니?

has esperado는 esperar 기다리다 의 현재완료형이다. 영어의 현재완료형 have + 과거분사와 비슷한 형태이다. 현재완료형은 동사 **haber**의 현재형 + 과거분사로 이루어지는데 이는 과거의 경험, 결과, 계속성 을 나타낼 때 사용한다.
자세한 것은 ▶ p170 에서 학습하도록 하자.

현재완료형 **has** + 과거분사   과거의 경험·결과·계속

↳ haber의 2인칭 현재형

▶ haber 동사변화 p170 참고

예   He estado en Madrid.   나는 마드리드에 있던 적이 있다.
▶ haber estado ~에 있던 적이 있다

Ella ha viajado a España.   그녀는 스페인을 여행한 적이 있다.

 acabo de llegar   이제 막 도착했다

acabar de + 동사원형은 이제 막~하다 의 의미로 쓰인다.

   이제 막 ~하다

예   Acabo de leerlo.   나는 이제 막 그것을 읽었다.
▶ leer 읽다

Ella acaba de cenar.   그녀는 막 저녁 식사를 했다.

¿Ya has conseguido el billete de avión?
　　　　　　　　　　　　　　　너는 벌써 비행기표를 구했니?

conseguido는 conseguir 얻다, 획득하다 의 과거분사로 has conseguido는 현재완료형이다.
Ya는 이미, 벌써의 부사이며, 완료형 문장에 자주 사용한다.

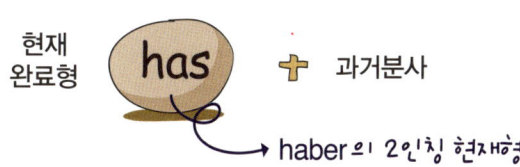

예　¿Ya has ido a casa?　　　　　　　　　　너는 벌써 집에 갔니?

▶ ido » ir 가다 동사의 과거분사

 **Me duelen las piernas**　　　　　　　다리가 아프다

doler 아프다 의 3인칭 단·복수형은 duele, duelen으로 신체 부위가 아프다는 것을 표현한다. 동사 뒤에 단수명사가 오면 duele, 복수명사가 오면 duelen이다.

 ,   ~가 아프다

예　Me duele la cabeza.
　　머리가 아픕니다.

　　¿Te duele el estómago?
　　너 배 아프니?

우리의 신체와 관련해서 p173 참고 에 자세히 나옵니다.
잡아먹으면 안되삼~~ ^ ^ ~~

간단히 알고 넘어가는 현재완료

:: 직설법 현재완료란?

haber 현재형에 과거분사를 붙여 만들며, 영어의 현재완료형에 해당하는 표현으로 **주어의 동작이 현재에 와서 끝났음**을 표현할 때 또는 **과거의 경험**을 표현하는 데도 사용된다.

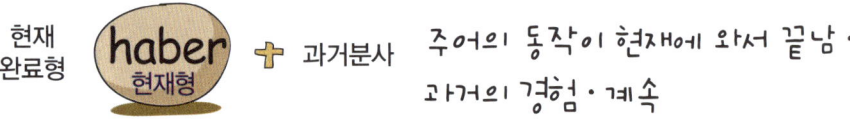

완료형에서는 과거분사의 어미는 변하지 않는다.
참 쉽죠잉~~~~

예
A: ¿Ya has comido?
벌써 식사했니?

▶ comido » comer 먹다의 과거분사

B: Sí, he comido.
그래, 나는 벌써 식사했어.

No, todavía no he comido.
아니, 아직 식사하지 못했어.

A : ¿Has viajado a Latinoamérica?
라틴아메리카를 여행한 적 있니?

▶ viajado » viajar 여행하다의 과거분사

B : Sí, he viajado una vez.
그래, 한번 여행한 적 있어.

No, nunca he viajado allí.
아니, 그곳을 여행해 본적이 없어.

▶ una vez 한번
nunca 결코, 절대로 (아니다)

과거분사 - 규칙동사

① -ar 동사 의 경우에는 어미 -ar 대신에 -ado를,

$$\sim ar \Rightarrow \sim ado$$

예) amar 사랑하다 ➡ amado

② -er, -ir 동사 의 경우에는 어미 -er / -ir 대신에 -ido를 붙인다.

$$\sim er / \sim ir \Rightarrow \sim ido$$

예) comer 먹다 ➡ comido
vivir 살다 ➡ vivido

과거분사 - 불규칙동사

hacer	⇨	hecho	하다	ver	⇨ visto	보다
escribir	⇨	escrito	쓰다	volver	⇨ vuelto	돌아오다
abrir	⇨	abierto	열다	decir	⇨ dicho	말하다
cubrir	⇨	cubierto	덮다	morir	⇨ muerto	죽다

여러가지 표현

de의 쓰임 Track 18

¿De dónde vienes?
너는 어디에서 오는 길이니?

▶ de는 ~부터, ~에서, ~태생의 라는 뜻으로 소유, 귀속, 유래, 재료 등을 나타내는 전치사이다.

1 ~ 부터, 에서

A: ¿De dónde vienes?
너는 어디에서 오는 길이니?

B: Vengo de la escuela.
학교에서 오는 길이야.

▶ la escuela 학교

A: ¿De dónde vienen ellos?
그들은 어디에서 오는 길입니까?

B: Vienen del hospital.
병원에서 오는 길입니다.

(de + el)

▶ el hospital 병원

2 ~ 의

A: ¿De quién es este teléfono móvil?
이 휴대전화는 누구의 것이니?

▶ el teléfono móvil 휴대전화

B: (El teléfono móvil) Es de Linda.
(이 휴대전화는) 린다의 것이야.

3 ~ 로 만들어진

Ella tiene un reloj de oro.
그녀는 금으로 된 시계를 가지고 있다.

▶ el oro 금
el reloj 시계

Un hacha de plata.
은도끼

▶ la hacha 도끼
la plata 은

 스페인에서 통하는 **회화따라하기** Track 18

신체부위 el cuerpo

(A Miguel) Me duele la cabeza.　(미겔은) 머리가 아픕니다.
= Miguel tiene dolor de cabeza.

▶ el dolor de cabeza 두통

① la cabeza 머리
② los ojos 눈
③ la boca 입
④ los labios 입술
⑤ la nariz 코
⑥ la cara 얼굴
⑦ el cuello 목
⑧ la oreja 귀
⑨ el hombro 어깨
⑩ el pecho 가슴
⑪ el braz 팔
⑫ la mano 손
⑬ el estómago 배, 위
⑭ el dedo 손가락
⑮ la pierna 다리
⑯ la uña 손톱
⑰ el pie 발
⑱ el hueso 뼈

17 ¿Puedo hablar con Manuel?

마누엘과 통화할 수 있습니까?

Luis

Oiga, ¿puedo hablar con Manuel?

La Esposa de Manuel

No, de momento no está en casa.
¿De parte de quién?

Soy Luis Miguel, su compañero.

Hola, Luis.
Manuel salió anoche para Salamanca.
Va a volver mañana por la tarde.
¿Quiere dejar algún mensaje?

No, gracias.
Vuelvo a llamar mañana.

전화 : 루이스가 마누엘의 집으로 전화를 걸었습니다. 잘 들어보세요!

해석

▶	루이스	여보세요. 마누엘과 통화할 수 있습니까?
	마누엘 부인	아니오, 지금 집에 안 계십니다.
		누구십니까?
	루이스	저는 동료인 루이스 미겔이라고 합니다.
	마누엘 부인	안녕하세요, 루이스씨.
		마누엘은 어제밤에 살라망까에 갔습니다.
		내일 오후에 돌아올 겁니다.
		무슨 메세지를 남기시겠어요?
	루이스	아니오, 고맙습니다.
		내일 다시 전화하겠습니다.

 Track 19

- ⓥ **puedo** ~ 할 수 있다 》 ~할 수 있다의 1인칭 단수 현재형
- ⓜ **el momento** 순간, 잠깐
- ⓜ **el compañero** 벗, 친구
- ⓥ **salió** 나갔다 》 salir 나가다, 출발하다의 3인칭 단수 부정과거형
- ⓐⓓ **anoche** 어제밤에
- ⓥ **volver** 돌아가다, 돌아오다
- **alguno(a)** 어느, 어떤 》 남성 명사 앞에서는 'o' 탈락
- ⓥ **dejar** 남기다, 놓다, 허락하다
- ⓜ **el mensaje** 전하는 말(메시지)
- ⓥ **llamar** 부르다, 전화하다 》 llamar por teléfono 전화걸다

175

머리에 쏙 들어오는 해설

 ¿Puedo hablar con...?   ~와 통화할 수 있을까요?

puedo는 poder ~할 수 있다의 1인칭 단수 현재형으로, 영어의 **can**과 같은 의미이다. 뒤에는 동사원형이 온다.

예) ¿Puedo hablar con el Sr. Luis?   루이스씨와 통화할 수 있겠습니까?
→ 직설법 현재형 1인칭

이처럼 뒤에 동사원형이 오는 것으로 ~하고 싶다, 원하다(더 정중한 표현이다)의 quisiera 도 있다.

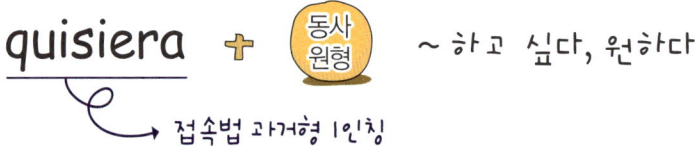
→ 접속법 과거형 1인칭

예) Quisiera tomar un café.   커피를 마시고 싶다.

동사 변화는 일반적인 것이므로, 1인칭에 해당하는 puedo, quisiera 변화는 꼭 외워두자!!

 **¿De parte de quién?** 누구십니까?

전화를 받는 사람과 전화를 거는 사람이 서로 묻는 표현이다.

¿Oiga? 전화거는 사람

¿Diga? 전화받는 사람

여보세요!

예 ¿Con quién hablo? 누구십니까?
　▶ 상대방이 누구냐고 묻는 또 다른 표현으로 》 '제가 누구하고 이야기하고 있습니까?' 의 뜻

A: ¿Está Emilio? 에밀리오 있습니까?
B: Sí. ¿Quién es? 예. 누구시죠?
A: ¿Es la casa del Sr. Pedro? 뻬드로씨 댁입니까?
B: ¿Quién habla? 누구십니까?

그리고 예,접니다 라는 표현은 Sí, soy yo. 또는 자신의 이름을 이용해, Sí, soy Luis. 예, 제가 루이스입니다라고 한다.

salió para Salamanca   (그는) 살라망까로 떠났습니다

salió는 salir 나가다, 나들이하다, 외출하다, 출발하다 의 3인칭 단수 부정 과거형이다.
para는 ~로, ~향해 의 의미이다.

$$para \quad \sim 을\ 향해 / \sim 로 \quad \Leftrightarrow \quad desde \quad \sim 로부터$$

예) Gloria salió para México.   글로리아는 멕시코로 떠났다.
      Mi hermano salió ayer para su oficina.   나의 동생은 어제 그의 사무실로 출발했다.

¿Quiere dejar algún mensaje?   전하실 말씀이라도 (있습니까)?

alguno는 어느, 어떤 이라는 뜻으로, 남성 단수 명사 앞에서는 algún, 여성 명사 앞에서는 alguna로 쓴다. 남성명사 앞에서 아센또 부호가 붙는 것에 주의!!

비교) alguno가 포함된 다양한 의미를 알아보자. ⇔ ninguno 어떤 것도 아니다로 부정의 의미를 나타낸다.

간단히 알고 넘어가는 부정 과거형 ①

:: 규칙동사의 활용 - 단순 부정과거형

부정과거는 과거에 있어서 이루어진 주어의 동작·상태 등을 나타내는 단순과거이다. 영어의 과거형에 해당하는 **부정과거형**은 규칙동사의 경우 아래와 같이 변한다.

❶ -ar 동사 는 어미 -ar 대신에 -é, -aste, -ó, -amos, -asteis, -aron

❷ -er, -ir 동사 는 대신에 -í, -iste, -ió, -imos, -isteis, -ieron 으로 변한다.

규칙동사의 활용

① -ar 동사 -é, -aste, -ó, -amos, -asteis, -aron

★ **hablar** 말하다

단수			복수		
Yo	나	hablé	Nosotros	우리들	hablamos
Tú	너	hablaste	Vosotros	너희들	hablasteis
Usted	당신		Ustedes	당신들	
Él	그	habló	Ellos	그들	hablaron
Ella	그녀		Ellas	그녀들	

② -er 동사 -í, -iste, -ió, -imos, -isteis, -ieron

★ **comer** 먹다

단수			복수		
Yo	나	comí	Nosotros	우리들	comimos
Tú	너	comiste	Vosotros	너희들	comisteis
Usted	당신		Ustedes	당신들	
Él	그	comió	Ellos	그들	comieron
Ella	그녀		Ellas	그녀들	

간단히 알고 넘어가는 부정 과거형 ①

③ -ir 동사   -í, -iste, -ió, -imos, -isteis, -ieron

★ **salir** 나가다, 출발하다

단수		
Yo	나	salí
Tú	너	saliste
Usted / Él / Ella	당신 / 그 / 그녀	salió

복수		
Nosotros	우리들	salimos
Vosotros	너희들	salisteis
Ustedes / Ellos / Ellas	당신들 / 그들 / 그녀들	salieron

예) La semana pasada comí con Cecilia, y le hablé de mi plan.
지난주 나는 쎄씰리아와 식사를 했다. 그리고 그녀에게 내 계획에 대해 말했다.

▶ pasado(a) 지난
con ~와/~과 함께
y 그리고

A : ¿Con quién saliste anoche?
어제 밤 누구와 외출했니?

B : Salí con mi hermano menor.
제 동생과 외출했습니다.

▶ menor 연하의, 나이가 어린

-er동사와 -ir동사는 어미가 똑같이 변화한다.

여러가지 표현

전화   Track 19

Le comunico con él.   전화 바꿔드리겠습니다

A : ¿Puede comunicarme con el Sr. Emilio?
에밀리오씨 좀 바꿔주시겠습니까?

> **comunicarme** 통신을 하다, 교신하다, 연락하다
> **comunicar** 뒤에 se가 붙은 재귀동사로, 위에서처럼 '내가 누구 누구와 통화를 하다' 의 뜻일 때는 어미가 1인칭인 me로 변한다.

B : ¿De parte de quién?
누구시죠? (누구라고 말씀드릴까요?)

A : De Luis, un amigo.
친구인 루이스라고 합니다.

B : (Espere) Un momento, por favor, Sr. Luis. Le comunico con él.
잠깐만 기다려주십시오, 루이스씨. 바꿔드리겠습니다.(전화 돌려 드리겠습니다.)

A : Muchas gracias. ¡Muy amable!
감사합니다.   친절하시기도 하군요!

18 Porque mi tío está hospitalizado.

제 삼촌께서 입원하셨기 때문입니다.

Luis: Anoche llamé a tu casa.

Manuel: Ya lo sé. Mi esposa me lo dijo.

¿Por qué te fuiste a Salamanca?

Porque mi tío está hospitalizado.
El está muy enfermo.

¡Ay!, lo siento mucho!
Pues, ¿por qué volviste tan temprano?

Porque tengo un proyecto importante
en mi trabajo.

질병 : 마누엘의 삼촌이 입원하셨답니다. 잘 들어보세요!

해석

▶	루이스	어제 밤에 너의 집으로 전화했었어.
	마누엘	이미 알고 있어. 집사람이 이야기 하더군.
	루이스	무슨 일로 살라망까에 갔는데?
	마누엘	삼촌께서 입원하셨거든. 매우 편찮으셔.
	루이스	아, 매우 유감이군. 그렇다면, 왜 이렇게 일찍 돌아왔어?
	마누엘	왜냐하면 회사에 매우 중요한 프로젝트가 있거든.

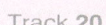 Track 20

ⓥ	sé	안다, 알고 있다 》 saber 알다 의 1인칭 단수 현재형
ⓐd	ya	(과거에) 이미, 벌써, (현재) 지금은
	¿por qué...?	'왜 ~하느냐?' 》 물어볼 때
	porque	(이유, 원인, 동기) ~ 때문에, ~ 이므로(＝como) 》 대답할 때
	hospitalizado	hospitalizar 입원하다, 병원에 수용하다 의 과거분사형
ⓜ	el tío	삼촌, 큰 아버지, 작은 아버지, 외삼촌
ⓐ	enfermo(a)	아픈, 병이 든
	pues	그러면, 그렇다면
ⓥ	volviste	volver 돌아가다, 돌아오다 의 2인칭 단수 부정과거형
ⓐd	tan	그렇게, 이렇게
ⓜ	el proyecto	계획, 프로젝트
ⓐ	importante	중요한
ⓜ	el trabajo	일

머리에 쏙 들어오는 해설

Anoche　　　　　　　　　　　　　　　　어제 밤

anoche는 어제 밤, esta noche는 오늘 밤, mañana por la noche는 내일 밤의 뜻이다.

때를 나타내는 말		
아침 · 오전	점심 · 오후	저녁 · 밤
la mañana	la tarde	la noche
정오	한밤중 · 자정	새벽녘
el mediodía	la medianoche	la madrugada
내일 아침		내일 오후
mañana por la mañana		mañana por la tarde

예　Anoche llamé a mi amigo, Luis.　어제 밤 나는 내 친구, 루이스에게 전화했었다.

Ya lo sé　　　　　　　　　　　　　　나는 그것을 이미 알고 있다

saber 알다, 알고 있다 동사는 불규칙동사이지만, 1인칭 단수 현재형일때만 sé 로 불규칙하게 변하고, 이외의 인칭에서는 -er로 끝나는 규칙동사와 동일하게 변화한다. 즉 sabe가 아닌 sé 로 변하는 것에 주의하자.

불규칙 변화

saber　➡　sé　　　알다, 알고 있다

saber의 1인칭 단수 현재형

lo 는 앞의 문장을 받아 그것, 즉 네가 전화했었다 는 사실 전체를 받아준다.

예　A: Cristina salió para París.　　크리스티나가 파리로 갔대.
　　B: Ya lo sé.　　　　　　　　　그건 이미 알고 있어.

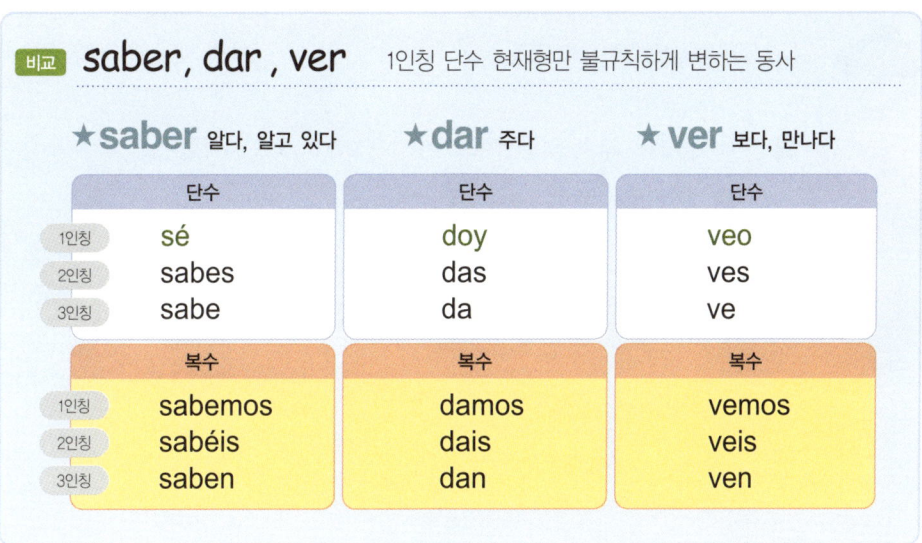

| 비교 | **saber, dar, ver** | 1인칭 단수 현재형만 불규칙하게 변하는 동사 |

★ **saber** 알다, 알고 있다　　★ **dar** 주다　　★ **ver** 보다, 만나다

	단수	단수	단수
1인칭	sé	doy	veo
2인칭	sabes	das	ves
3인칭	sabe	da	ve

	복수	복수	복수
1인칭	sabemos	damos	vemos
2인칭	sabéis	dais	veis
3인칭	saben	dan	ven

03　me lo dijo　　　　　　　　　나에게 그것을 말했다

dijo는 decir 말하다, 이야기하다 의 3인칭 단수 부정과거형이며, me는 나에게 간접목적어, lo는 그것을 직접목적어 로 위의 문장을 받는다.

주어 S	+	간접 목적어	+	직접 목적어	+	동사
El profesor	+	me	+	lo	+	dijo.
교수님께서		제게		그것을		말씀하셨습니다.

영어와 달리 목적어가 동사 앞에 놓인다!!
어순 주의!!

▶ 간접 목적어

	단수	복수
1인칭	me	nos
2인칭	te	os
3인칭	le(se)	les(se)

▶ 직접 목적어

	단수	복수
1인칭	me	nos
2인칭	te	os
3인칭	le 남 la 여 lo 중성	les 남·혼성 las 여 los 중성

예　A: ¿Cómo lo sabes?　　　　너는 어떻게 그것을 아니?
　　　　　　직·목
　　B: Mi amigo me lo dijo.　　내 친구가 나에게 그것을 말했어.
　　　　　　간·목　직·목

¿Por qué te fuiste ...?　　　　　무엇 때문에 (-에) 갔느냐?

1 ¿Por qué~? 왜 는 의문사로 그 대답은 porque로 시작한다.

예 Porque mi padre está enfermo.
(왜냐하면) 제 아버지가 편찮으시기 때문이다.

2 fuiste는 너는 갔다 라는 뜻으로 동사 ir의 2인칭 단수 부정 과거형이다.

▶ fuiste 》 ir 동사의 부정과거형 – p187참고

 estar + 형용사·과거분사　　　　　~ 하다

estar동사는 형용사 혹은 과거분사와 함께 쓰여 **주어의 상태**를 나타낸다.

 +  /

이때 형용사나 과거분사는 주어의 성·수에 일치 해야한다.

예 Mi padre está enfermo.
나의 아버지는 편찮으시다.

La niña está enferma.
그 여자 아이는 아프다.

▶ enfermo(a) 아픈

▶ estar 동사 변화 – p52참고

간단히 알고 넘어가는 부정과거형 II

:: 불규칙 동사의 활용 - hacer, ir, decir - 부정과거형

부정과거는 이미 앞과에서 학습했지만, 이번에는 불규칙하게 변하는 동사에 대해 알아보자. 규칙동사와는 다르게 무조건 외워야만 한다.

불규칙 동사의 활용

★ **hacer** ~하다

단수			복수		
Yo	나	hice	Nosotros	우리들	hicimos
Tú	너	hiciste	Vosotros	너희들	hicisteis
Usted / Él / Ella	당신 / 그 / 그녀	hizo	Ustedes / Ellos / Ellas	당신들 / 그들 / 그녀들	hicieron

★ **ir** 가다

단수			복수		
Yo	나	fui	Nosotros	우리들	fuimos
Tú	너	fuiste	Vosotros	너희들	fuisteis
Usted / Él / Ella	당신 / 그 / 그녀	fue	Ustedes / Ellos / Ellas	당신들 / 그들 / 그녀들	fueron

★ **decir** 말하다, 이야기하다

단수			복수		
Yo	나	dije	Nosotros	우리들	dijimos
Tú	너	dijiste	Vosotros	너희들	dijisteis
Usted / Él / Ella	당신 / 그 / 그녀	dijo	Ustedes / Ellos / Ellas	당신들 / 그들 / 그녀들	dijeron

예)
A: ¿Qué hizo usted anoche? 당신은 어젯밤 무얼 하셨습니까?
B: Fui a la cafetería y tomé un café. 카페테리아에 가서 커피 한 잔 마셨습니다.

▶ tomé » tomar 먹다, 마시다 의 1인칭 단수 부정과거형

A: ¿Quién te lo dijo? 누가 너에게 그것을 이야기했니?
B: Me lo dijo Claudia. 끌라우디아가 저에게 (그것을) 이야기했습니다.

여러가지 표현

estar + 형용사·과거분사　　　　　　　　~한 상태이다

1 estar contento(a)　만족해하다, 만족스럽다

- Luisa está contenta.
  루이사는 만족해 한다.
- Estoy muy contento.
  나는 매우 만족스럽다.

2 estar cansado(a)　피곤하다

- Mi hermana está cansada.
  나의 누이는 피곤해 한다.
- Nosotros estamos muy cansados.
  우리들은 매우 피곤하다.

3 estar enfadado(a)　화가 나다

- Ellos están enfadados.
  그들은 화가 나 있다.
- ¿Estás enfadada, Isabel?
  이사벨, 너 화났니?

estar

4 estar frío(a) 차갑다 ⇔ estar caliente 뜨겁다

frío(a) ⇔ caliente   차가운 ⇔ 뜨거운

- Este té está caliente.
  이 차는 뜨겁다.
- La sopa está fría.
  스프는 식었다, 차갑다.

5 estar abierto(a) 열려있다 ⇔ estar cerrado(a) 닫혀있다

abierto(a) ⇔ cerrado(a)   열린 ⇔ 닫힌

- La puerta está abierta.
  문이 열려있다.
- La ventana está cerrada.
  창문은 닫혀있다.

6 기타

- bien ⇔ enfermo(a) / mal
  건강한, 좋은　　　아픈　　　　나쁜
- grande ⇔ pequeño(a)
  큰　　　　　작은
- mucho(a) ⇔ poco(a)
  많은　　　거의 없는
- largo(a) ⇔ corto(a)
  긴　　　　　짧은

189

19 ¿Qué pasó?

무슨 일이 있었습니까?

Linda: Tienes que fijarte mucho cuando cruzas esta calle.

Manuel: ¿Por qué?

Hace una semana hubo un accidente cerca de aquí.

¿De veras? ¿Qué pasó?

Un coche atropelló a un niño. El conductor estaba dormido mientras conducía.

¿Comó lo sabes?

Escuché la noticia el domingo, cuando comía en casa.

사고 : 린다가 마누엘에게 일주일 전에 일어났던 사고에 대해 말합니다.

해석

	린다	이 길을 건널 때 매우 조심해야 해.
	마누엘	왜?
	린다	일주일 전 이 근처에서 사고가 있었어.
	마누엘	정말? 무슨 일이 있었는데?
	린다	어떤 자동차가 한 어린이를 치었어. 운전자가 운전하면서 졸고 있었대.
	마누엘	(그걸) 어떻게 아는 데?
	린다	(지난) 일요일 집에서 식사할 때 뉴스를 들었어.

Track 21

ⓥ	fijarse	주의를 기울이다 》 fijar 뒤에 se 가 붙은 재귀동사 네가 주의를 기울이다의 뜻일 때, 어미가 2인칭인 te로 활용
	cuando	~할 때
ⓥ	cruzas	횡단하다 》 cruzar 교차하다, 횡단하다 의 2인칭 단수 현재형
ⓕ	la calle	도로, 길
ⓥ	hace	(어떤 때가) 경과하다, ~전에 / 전부터 ~하다 》 hacer의 3인칭 단수 현재형이지만 부사처럼 사용
ⓥ	hubo	~이 있었다 》 haber의 3인칭 단수 부정 과거형
ⓜ	el accidente	사고
ⓥ	conducir	운전하다 》 주로 스페인에서 사용, 남미에서는 manejar
ⓥ	dormir	자다, 잠자다
ⓥ	atropellar	때려 눕히다, 치다
ⓜ	el coche	자동차
ⓜ	el conductor	운전자 》 주로 스페인에서 사용, 남미에서는 manejador
ⓥ	escuché	들었다 》 escuchar 듣다, 청취하다의 1인칭 단수 부정 과거형
ⓕ	la noticia	소식, 뉴스

머리에 쏙 들어오는 해설

 hace una semana   일주일 전에

hace + 시간 은 ~전에, 시간이 경과하다의 뜻이다. 시간을 나타내는 말은 días 일日, meses 월月, años 년年 등을 쓸 수 있다.

예) Hace cinco días fui a Madrid.   내가 마드리드에 간 것은 5일전이다.
Hace un mes vi a Isabel.   나는 한달 전 이사벨을 만났다.

▶ vi 보았다 》 ver 보다의 1인칭 부정과거

 hubo un accidente   사고가 있었다

haber ~이 있다는 무인칭 동사로 3인칭 단수형으로만 사용된다. 영어의 There is~에 해당하는 표현이다. hubo는 haber의 3인칭 단수 부정과거형이고, 3인칭 현재형은 hay이다.

예) Anoche hubo un terremoto.   지난 밤 지진이 있었다.
(= Last night there was an earthquake)

 ¿Qué pasó?   무슨 일이 있었습니까?

haber와 마찬가지로 pasar 일어나다, 발생하다 또한 무인칭 동사로서 주어없이 3인칭 단수만 사용된다.

예) ¿Qué pasa?   무슨 일이니?
¿Qué le pasó a tu madre?   너의 어머니에게 무슨 일이 생겼니?

▶ pasa (어떤일이) 일어나다 》 pasar의 3인칭 단수 현재형

estaba dormido mientras conducía 운전하는 동안 졸고 있었다

estaba dormido는 estar 동사의 3인칭 단수 불완료 과거형과 dormir 동사의 과거분사형을 결합하여 그가 과거에 졸고 있었던 상태를 나타낸다. 다시말해, 영어의 **과거완료**에 해당하는 표현이다.

mientras는 ~하는 동안, conducía는 conducir 동사의 3인칭 단수 불완료 과거형이다.

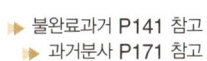

▶ 불완료과거 P141 참고
▶ 과거분사 P171 참고

예 Ella estaba dormida mientras estudiaba.
그녀는 공부하면서 졸고 있었다.

cuando comía en casa 집에서 식사를 할 때

cuando는 ~할 때, ~했을 때 라는 뜻의 때를 나타내는 접속사이다.
comía는 먹었었다 라는 뜻으로, comer 먹다, 식사하다의 1·3인칭 단수 불완료 과거형이다.

  ~했을 때

예 Cuando era pequeño ~
내가 어렸을 때,

Lloré mucho cuando partió mi novio.
나의 남자친구가 떠났을 때 나는 많이 울었습니다.

▶ lloré 나는 울었다 》 llorar의 1인칭 단수 부정 과거형
el novio 남자친구(애인) ⇔ la novia 여자친구(애인)

간단히 알고 넘어가는 동사활용 불완료 과거형 ②

:: 불규칙동사의 활용 - 불완료 과거형

이미 앞에서 규칙동사의 불완료 과거형 ▶ p141 참고 에 대해 알아보았다.

이번과에서는 불규칙 동사의 활용과 불완료과거형의 용법에 대해 알아보자.

ser 동사의 불완료 과거형

★ ser ~ ~이다

단수		
Yo	나	era
Tú	너	eras
Usted	당신	
Él	그	era
Ella	그녀	

복수		
Nosotros	우리들	éramos
Vosotros	너희들	erais
Ustedes	당신들	
Ellos	그들	eran
Ellas	그녀들	

예) Cuando yo era niño, vivía en Seúl. 내가 어렸을 때, 나는 서울에 살고 있었다.
→ ser 동사의 불완료 과거형

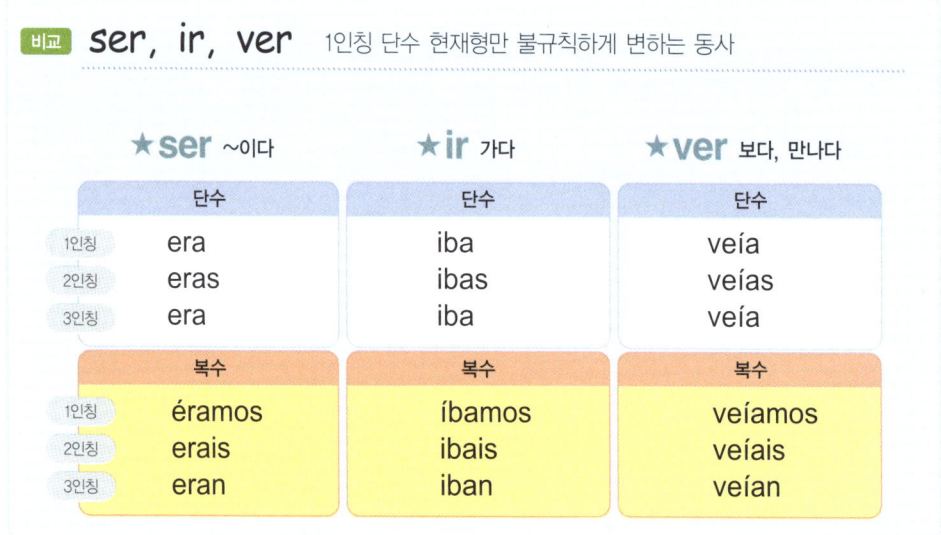

비교 **ser, ir, ver** 1인칭 단수 현재형만 불규칙하게 변하는 동사

★ ser ~이다　　★ ir 가다　　★ ver 보다, 만나다

	단수	단수	단수
1인칭	era	iba	veía
2인칭	eras	ibas	veías
3인칭	era	iba	veía
	복수	복수	복수
1인칭	éramos	íbamos	veíamos
2인칭	erais	ibais	veíais
3인칭	eran	iban	veían

불완료 과거의 용법

❶ 과거에 있어서 어떤 완료된 행동이 취해진 때를 기준으로 하여 그 때 동작이나 상태가 계속 되고 있었음을 나타낸다.

예) La puerta estaba abierta cuando llegué.
내가 도착했을 때, 문은 열려 있었다.

▶ estaba (~한 상태로)있었다 》 estar 있다 의 1·3인칭 단수 불완료과거형
abierto(a) 》 abrir 열다 의 과거분사형
llegué 도착했다 》 llegar 도착하다 의 1인칭 단수 부정과거형

❷ 과거에 두 개의 동작, 상태가 동시에 계속 되고 있었음을 표현한다.

예) Ella leía mientras yo estudiaba.   내가 공부하고 있을 동안 그 여자는 책을 읽고 있었다.

▶ leía 나는 / 당신은 읽었다 》 leer 읽다 의 1·3인칭 단수 불완료과거형
estudiaba (나는 / 당신은) 공부하고 있었다 》 estudiar 공부하다 의 1·3인칭 단수 불완료과거형

❸ 과거 에 있어서 같은 행동이 반복되는 습관(버릇)을 현재에서 표현한다.

예) Iba al cine todos los días.
그는 전에는 매일 영화관에 가곤 했었다.

❹ 과거의 시간 을 표현한다.

예) Eran las cinco cuando partió.
그가 출발했을 때는 다섯 시였다.

▶ partió 그는 출발했다 》 partir 출발하다, 나가다, 나누다 의 3인칭 단수 부정과거형
eran ~이었다 》 ser ~이다 의 3인칭 복수 불완료 과거형

여러가지 표현

비교급 Track 21

1 형용사 비교급

▶ más는 '~보다, 더' 등의 뜻으로 비교할 때 사용한다.

más + 형용사 + que + 비교대상 ~보다 더 ~하다

Yo soy más alto que Juan.
나는 후안보다 더 키가 크다.

예) ¡Más hermoso que eso!
그것보다 더 아름다워!

Esta flor es más hermosa que ésa.
이 꽃은 그것보다 더 아름답다.

2 명사 비교급

más + 명사 + que + 비교대상 ~보다 더 많은~

예) Ud. tiene más libros que yo.
당신은 나보다 더 많은 책들을 가지고 있다.

Tengo más dinero que tú.
나는 너보다 더 많은 돈이 있다.

3 부사 비교급

más + 부사 + que + 비교대상 ~보다 더 ~하게

예) Hoy llego más temprano que ayer.
오늘 나는 어제보다 더 일찍 도착한다.

Él vive más lejos que María.
그는 마리아보다 더 멀리 산다.

La Cultura

Track 21

América Latina está compuesta por veinte países. México, en América del Norte ; Guatemala, El Salvador, Honduras, Nicaragua, Costa Rica y Panamá, en América Central, y Venezuela, Colombia, Ecuador, Perú, Bolivia, Chile, Argentina, Uruguay, Paraguay y Brasil en América del Sur.

Argentina, Brasil y Chile se llaman los países ABC. Cuba, Haití, Puerto Rico y la República Dominicana son países que se encuentan en el mar del Caribe.

Se habla español en diecinueve naciones del Nuevo Mundo. En Brasil no se habla español; se habla portugués. En muchos países los jovenes estudian y hablan inglés, como los estadounidenses que estudian y hablan español.

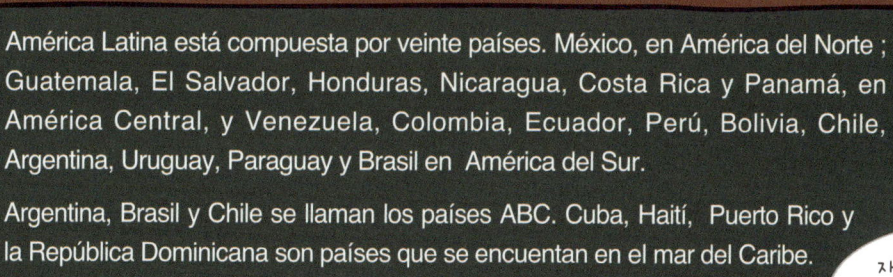

해석

라틴 아메리카에는 20개 국가가 있습니다. 북아메리카의 멕시코, 중앙아메리카에 과테말라, 엘살바도르, 온두라스, 니카라과, 코스타리카, 파나마 그리고 남아메리카에 있는 나라들은 베네수엘라, 콜롬비아, 에콰도르, 페루, 볼리비아, 칠레, 아르헨티나, 우루과이, 파라과이 및 브라질입니다.

아르헨티나, 브라질 및 칠레는 ABC 국가들이라고 불립니다. 쿠바, 하이티, 푸에르토 리코 및 도미니카 공화국은 카리브해 연안에 있는 나라들입니다.

신대륙 19개 나라에서는 스페인어를 사용합니다. 브라질에서는 스페인어를 사용하지 않고, 포르투칼어를 사용합니다. (신대륙의) 많은 나라들의 젊은이들은 영어를 공부하고 사용합니다. 마치 미국의 젊은이들이 스페인어를 공부하고 사용하듯이 말입니다.

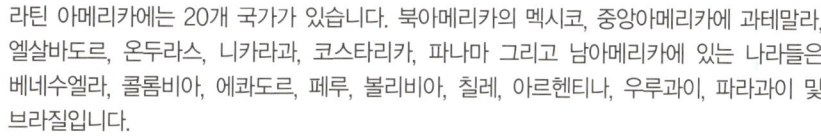

20 En el aeropuerto

공항에서

La profesora Cármen

¡Hola, Pedro! ¿Cómo estás?

Pedro

¡Profesora Cármen! No la reconocía.
¿A dónde va usted?

Voy a España para pasar las vacaciones
de verano con mi familia.

¿No lo sabíais?
Os lo dije en la última clase.

¡Claro que sí! Usted nos habló de sus padres
que viven en Granada, ¿verdad?

Sí, Pedro.
Yo pasaba muchos años en Granada
cuando era joven.

Pues, adiós, profesora.
¡Buen viaje!

공항 : 공항에서 뻬드로가 까르멘 교수님을 만났습니다. 잘 들어보세요!

해석

	까르멘 교수	안녕 뻬드로! 어떻게 지내나?
	뻬드로	까르멘 교수님! 몰라 뵈었습니다. 교수님은 어디에 가시는 길입니까?
	까르멘 교수	여름방학을 가족과 함께 보내기 위해 스페인에 가는 길이라네. 너희는 몰랐었나 보지? 마지막 수업시간에 너희들에게 이야기 했었는데.
	뻬드로	물론 (알죠)! 교수님께서는 그라나다에 사시는 부모님에 대하여 저희에게 말씀 해 주셨습니다. 그렇죠?
	까르멘 교수	그렇다네, 뻬드로. 내가 젊었을 때 그라나다에서 여러 해를 보냈었지.
	뻬드로	그럼, 교수님, 안녕히 다녀오십시오. 좋은 여행이 되시길 (바랍니다).

Track 22

- ⓜ el aeropuerto — 공항
- ⓥ reconocía — 알아보았다 》 reconocer (누구임을) 알아보다 의 1·3인칭 단수 불완료과거형
- ⓥ pasar — (때를) 보내다, 묵인하다
- ⓐ último(a) — 최후의, 최신의
- ⓕ la clase — 학급, 수업; 종류
- ⓜ el joven — 청년, 젊은이
- ⓜ el viaje — 여행

199

머리에 쏙 들어오는 해설

 No la reconocía   나는 그를 몰랐었다, 몰라보았다

reconocía 는 reconocer (누구 임을) 알아보다 의 1인칭 단수 불완료과거형이다.
la는 까르멘 교수를 가리킨다.
이와 비슷한 뜻의 saber 알다 는 '어떤 사실이나 지식' 을 알고 있다는 의미이다.

 p202 참고

 la 는 그녀 (La profesora Cármen)를 의미한다. 이 목적어가 남성일 경우는 lo 로 받아준다.

 **para pasar ~**   ~을 보내기 위해서는

pasar는 지나가게 하다, (때를) 지내다, 보내다 라는 뜻이며, para는 ~을 위해, ~까지, ~을 향해 의 다양한 뜻을 가진 전치사이다.

para + 동사원형   ~을 위해

> **비교** 전치사는 명사, 동사원형 바로 앞에 오며 변화하지 않는다.
>
> - a   ~을/를, ~로
> - con   ~와 함께
> - de   ~의, ~부터, ~에 대해서
> - en   ~에(서)
> - hasta   ~까지, ~조차도
> - para   ~위해서
> - por   ~때문에, ~에 의해서, ~대신에
> - sin   ~없이

Voy a pasar las vacaciones de invierno en Sevilla.
저는 겨울 방학을 세비야에서 보낼 것입니다.

¿Dónde va a pasar las vacaciones de invierno?
당신은 어디에서 겨울 방학을 보낼 것입니까?

▶ las vacaciones de invierno 겨울방학, 휴가

 en la última clase   마지막 수업시간에

primero(a) ↔ último(a)
처음의   마지막의

비교				
	la primera clase	첫 수업	el último día	마지막 날
	el primer año	첫 해, 1학년	la última hora	마지막 시간

 ¡Claro que sí!   물론이죠!

claro(a)는 형용사로 분명하게, 명백하게, 물론 의 의미이다. ¡Claro que sí!는 물론이지, 그렇고 말고 의 뜻으로 숙어처럼 쓰인다.

 ¡Buen viaje!   즐거운 여행이 되시길!

완전한 문장으로는 Espero que tenga buen viaje 즐거운 여행이 되시기를 바랍니다 가 된다.

예 ¡Buenas vacaciones!
휴가 잘 보내세요!

간단히 알고 넘어가는 conocer/saber

:: 동사 conocer/saber

conocer 는 (친분이 있어서) 그 사람을 안다, (누구를) 알아보다 또는 (자신이 직접 체험한 결과로) 나라, 도시를 안다 는 의미로 사용된다.

saber 는 ~의 사실을 안다, 또는 ~의 지식을 가졌다 는 의미로 사용되고,

conocer
~ 사람을 안다 (친분이 있다)
~ (누구를) 알아보다
(나라, 도시를) 안다

saber
~의 사실을 안다
~의 지식을 가졌다

★ conocer ~ 사람을 안다.(친분이 있다), ~(누구를) 알아보다, (나라,도시를) 안다

단수	현재	부정과거	불완료과거
1인칭 Yo	conozco	conocí	conocía
2인칭 Tú	conoces	conociste	conocías
3인칭 Usted / Él / Ella	conoce	conoció	conocía

복수	현재	부정과거	불완료과거
Nosotros	conocemos	conocimos	conocíamos
Vosotros	conocéis	concisteis	conocíais
Ustedes / Ellos / Ellas	conocen	conocieron	conocían

★ saber ~ 의 사실을 안다, ~ 의 지식을 가졌다

단수	현재	부정과거	불완료과거
Yo	sé	supe	sabía
Tú	sabes	supiste	sabías
Usted / Él / Ella	sabe	supo	sabía

복수	현재	부정과거	불완료과거
Nosotros	sabemos	supimos	sabíamos
Vosotros	sabéis	supisteis	sabíais
Ustedes / Ellos / Ellas	saben	supieron	sabían

예) Yo **conozco** la América del norte.
나는 북미를 압니다.

a Juan.
후안을 압니다.

al profesor.
교수님을 압니다.

Nosotros **sabemos** las palabras mucho.
우리들은 낱말들을 많이 압니다.

el español.
스페인어을 압니다.

la verdad.
진실을 압니다.

여러가지 표현

공항에서 Track 22

A : ¿Puedo ver su pasaporte?
여권 좀 볼 수 있을까요?

▶ el pasaporte 여권

B : Aquí tiene.
여기 있습니다.

A : ¿Cuál es el motivo de su viaje?
여행 목적이 무엇입니까?

▶ cuál 어느, 영어의 which 에 해당한다

B : Para pasar las vacaciones.
휴가차 왔습니다.

A : ¿Cuál es el destino final?
최종 목적지가 어디입니까?

B : Barcelona.
바르셀로나입니다.

A : ¿Cuántos días va a quedarse?
며칠 간 머무르실 계획입니까?

▶ quedarse 머무르다

B : Una semana.
일주일간 머무를 것입니다.

A : ¡Buen viaje!
좋은 여행 되십시오.

B : Gracias. Quiero recoger mi equipaje.
감사합니다. 제 짐을 찾고 싶습니다.

▶ recoger 들다, 줍다
　el equipaje 짐, 가방

A : Allí está.
저쪽에 있습니다.

203

내 발음 vs 스페인어 발음

앱으로 체크하며 스페인어를 학습한다!

동인랑과 KeyBox 가 만나 사고쳤다!!

mp3무료다운은 기본,
어젯밤에 책으로 본 내용을 앱으로 복습하고 예습한다!

 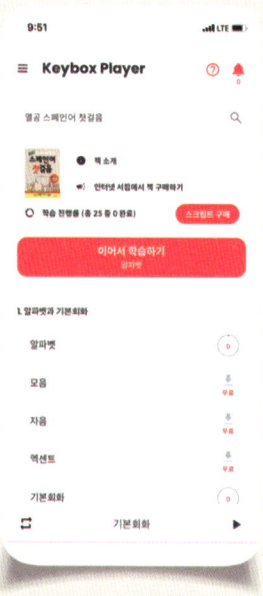 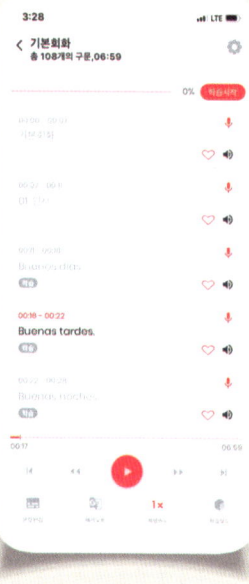

■ 내 발음과
스페인어
발음의 차이를
앱으로 체크하고
학습하는 시대!

■ 앱으로
내가 설정한
학습루틴에 따라
앱이 학습진도를
확인하고 알려 준다

■ 책 없이 앱으로
원어민의 mp3와
스페인어 텍스트를
보면서 듣는다!

애플 앱스토어에서
키박스 플레이어 앱을 다운로드 받으세요

구글 플레이에서
키박스 플레이어 앱을 다운로드 받으세요

* 앱의 일부 기능은 유료입니다.

열공! 왕초짜 첫걸음 시리즈

혼자서 손쉽게 외국어의 기초를 다진다!

  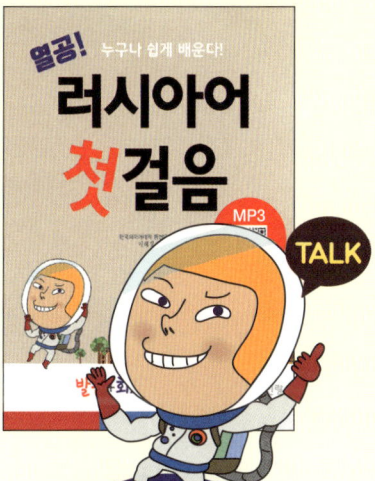

· 혼자서 손쉽게 외국어의 기초를 다진다!
· 발음부터 대화문 듣기까지 한 권으로 정복한다!
· 들리는 대로만 따라하면 저절로 외국어회화가 된다!

MP3 다운
KakaoTalk
1:1상담

누구나 쉽게 배운다

스페인어 첫걸음 Plus

문법편

열공 왕초짜 스페인어 첫걸음 문법편

왕초보가 쉽게 배운다!

차례	**스페인어 첫걸음 _ 문법 알고 배우면 쉽다!**			
명사 · 2	관사 · 3	대명사 · 5	전치사 · 8	숫자 · 10
형용사 · 12	동사 · 15	부사 · 30	경칭어 · 32	

명사
El sustantivo

 ### 명사의 성

스페인어의 모든 명사는 남성 또는 여성으로 분류된다. 명사의 성 구별은

a 사람과 동물의 경우에는 본래의 성과 일치하고
b 기타의 명사에 있어서는 어미로 구분하는 데, -a, -d, -z, -ie, -umbre, -ción, -tión, -xión으로 끝나는 명사는 대부분 여성명사이며,
c -o를 비롯한 기타문자로 끝나는 명사는 대부분 남성명사이다.

남성명사				여성명사			
el padre	아버지	el animal	동물	la madre	어머니	la costumbre	관습
el oro	금	el alcohol	알콜	la moneda	동전	la televisión	텔레비전
el bosque	숲	el militar	군인	la amistad	우정	la acción	행동
el amor	사랑	el espírit	정신, 영혼	la especie	종류	la cuestión	문제, 질문

 ### 명사의 복수형

단수명사를 복수로 만들 때는 일반적으로 명사 뒤에 -s 또는 -es를 붙인다.

a 모음으로 끝나는 명사 뒤에는 -s를
- la carta ▸ las cartas 편지들
- el muchacho ▸ los muchachos 소년들

b 자음으로 끝나는 명사 뒤에는 -es를
- el hotel ▸ los hoteles 호텔들
- el rey ▸ los reyes 왕들
- la habitación ▸ las habitaciones 방들

c z로 끝나는 명사는 'z'를 'c'로 바꾸고 -es를 붙인다.
- el lápiz ▸ los lápices 연필들
- la luz ▸ las luces 빛, 조명들

d es를 붙일 때 악센트 표시가 없어지는 명사
- el interés ▸ los intereses 관심들
- la expresión ▸ las expresiones 표현들

e es를 붙일 때 악센트 부호를 붙이는 명사
- el examen ▸ los exámenes 시험들
- el (la) joven ▸ los (las) jóvenes 젊은이들

관사
El artículo

명사의 앞에 붙어 그 명사의 성격을 규정하는 품사로, 관사에는 정관사와 부정관사가 있으며, 각각 그 명사의 성과 수에 맞는 관사를 사용하여야 한다.

 정관사

영어의 the 와 같으며, 주어로 사용되는 모든 명사에는 정관사가 붙는다.

	단수	복수
남성	el	los
여성	la	las

el libro 책 ⇨ los libros 책들
la mujer 여자 ⇨ las mujeres 여자들

언어에는 남성 정관사인 el 을 쓴다.
- el coreano 한국어(한글)
- el español 스페인어

 부정관사

영어의 a(an)과 같으며, un / una는 '어떤' 혹은 '하나의' 라는 뜻이고, unos / unas는 그 복수의 뜻을 나타낸다.

	단수	복수
남성	un	unos
여성	una	unas

un país ⇨ unos países 나라
una casa ⇨ unas casas 집

 관사사용시 주의사항

1 악센트가 있는 a, ha로 시작되는 여성단수명사의 경우에는 남성단수 관사 el, un를 사용하나, 복수명사의 경우에는 여성관사 las, unas를 사용한다.

- el agua 물 ▶ las aguas 물들
- el hacha 도끼 ▶ las hachas 도끼들
- un hacha 어떤 도끼(한 자루) ▶ unas hachas 어떤 도끼들(여러 자루)

그러나, 형용사가 붙을 경우에는 여성형 형용사를 사용한다.

- la buena hacha 좋은 도끼
- esta agua 이 물

강세가 없는 **a, ha**로 시작되는 여성단수명사의 경우에는 여성관사가 붙는다.

- la habitación 방 **단수**   ▶   - las habitaciones 방들 **복수**

2 전치사 + 정관사 el 의 단축형

$$a + el = al$$

- Voy al cine.   나는 영화관에 간다.

▶ **a** ~로(장소), 영어의 to와 같다
voy 》 ir 가다의 직설법 1인칭 현재형
el cine 영화관

$$de + el = del$$

- El número del autobús es el diez.   버스 번호는 10번이다.

▶ el número 숫자
el autobús 버스
diez 10

대명사
El pronombre

대명사는 이미 표현된 명사, 미리 지정된 명사, 이미 생략된 명사의 반복을 피하기 위해서 이들 명사 대신 사용하는 것으로 사람의 이름을 대신하는 **인칭대명사**, 지시된 명사를 대신하는 역할을 하는 **지시대명사**, 앞에 나온 명사를 대신하면서 뒤의 문장을 연결시켜주는 **관계대명사** 등이 있다.

 ## 주격 인칭대명사

인칭대명사란 사람의 이름을 대신하는 대명사로 주어로 사용되는 인칭대명사를 주격인칭대명사라고 하며, 1인칭 yo / nosotros(nosotras)는 영어의 I / we 와 같으며, 2인칭 tú / vosotros(vosotras)는 영어의 you /you, 3인칭 él /ella / usted // ellos / ellas / ustedes 는 영어의 he, she / you // they / they / you 와 같다.

단수		복수	
Yo	나	Nosotros / Nosotras	우리들
Tú	너	Vosotros / Vosotras	너희들
Usted	당신	Ustedes	당신들
Él	그	Ellos	그들
Ella	그녀	Ellas	그녀들

한 문장에 있어서 1·2인칭 대명사는 대개 생략되나, 뜻을 강조하기 위해 사용될 때가 있다. 2인칭 표현은 친한 친구, 가족 및 부부간에 사용되어 더욱 친밀감을 주게 된다.
반면 usted과 ustedes는 '당신'인 2인칭을 뜻하나 존칭어로 구분되며 3인칭 동사와 함께 쓰인다.

 ## 목적격 인칭대명사 》직접목적격

(인칭)대명사 중 직접목적격 즉, '~을, 를'의 의미로 사용되는 (인칭)대명사를 '직접목적격 (인칭)대명사'라고 부른다.

단수		복수	
me	나를	nos	우리들을
te	너를	os	너희들을
lo	그것을	los	그것들을
le	그를	les	그들을
la	그녀를	las	그녀들을

목적격(인칭)대명사의 위치는 동사 바로 앞이며, 부정문의 경우 부정어 no는 목적격대명사 앞에 둔다.

> 예 Yo te quiero.　　　　　　　　나는 너를 사랑한다.
>   No te quiero.　　　　　　　　나는 너를 사랑하지 않는다.

여성 명사를 받을 때는 la를 사용하고, 남성 명사를 받을 때는 lo를 사용한다.

> 예 A: ¿Dónde compraste la revista?　　너는 어디에서 잡지를 샀니?
>   B: La compré en el quiosco.　　　　나는 그것을 매점에서 샀습니다.
>   A: ¿Dónde compraste el pan?　　　너는 어디에서 빵을 샀니?
>   B: Lo compré en la panadería.　　　나는 그것을 제과점에서 샀습니다.

목적격 인칭대명사 》간접 목적격

인칭대명사 중 간접목적격 즉, '~에게'의 의미로 사용되는 인칭대명사를 간접목적격 인칭대명사라고 한다.

단수		복수	
me	나에게	nos	우리에게
te	너에게	os	너희에게
le(se)	그것에게 그 / 그녀에게	les(se)	그것들에게 그들 / 그녀들에게

한 문장에서 간접목적격대명사와 직접목적격대명사가 함께 사용될 때에는 간접 + 직접 + 동사의 순서가 된다.

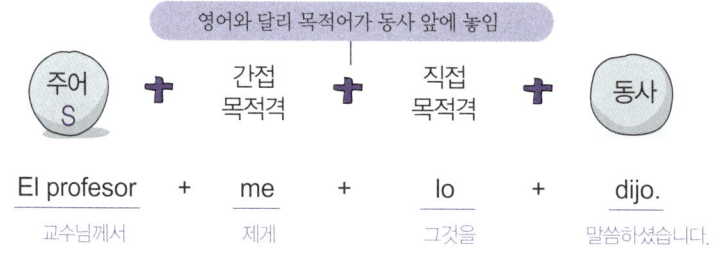

영어와 달리 목적어가 동사 앞에 놓임

주어 S + 간접목적격 + 직접목적격 + 동사

El profesor + me + lo + dijo.
교수님께서　　제게　　그것을　　말씀하셨습니다.

> 예 Yo le digo la verdad.　　　　　나는 당신에게 진실을 이야기합니다.
>   = Yo se la digo.　　　　　　　나는 당신에게 그것(진실)을 이야기합니다.
>   간접목적격　직접목적격

> 예 Él me dice la verdad. 그는 나에게 진실을 이야기합니다.
>
> = Él me la dice. 그는 나에게 그것(진실)을 이야기합니다.
> 간접목적격 ─ 직접목적격

3인칭 간접목적격 대명사(le, les)가 3인칭 직접목적격 대명사(le, la, lo, les, las, los)와 같이 사용할 때에는 le, les ▶ se 로 표기한다.

지시대명사

1 1인칭인 나에게 가장 가까운 것을 나타내는 éste / ésta 이것, 2인칭인 너에게 가장 가까운 것을 나타내는 ése / ésa 그것, 1·2 인칭, 즉 나와 너에게서 멀리 떨어져 있는 것을 나타내는 aquél / aquélla 저것 등이 있으며 지시하는 명사가 남성, 여성, 중성, 복수인 경우에 따라 어미 변화를 한다.

2 지시대명사가 명사 앞에서 명사를 수식하는 형용사로 사용될 경우는 지시형용사가 되며, 지시형용사로 사용될 때에는 아센또를 붙이지 않는다.

	이 것		그 것		저 것	
	단수	복수	단수	복수	단수	복수
남성	éste	éstos	ése	ésos	aquél	aquéllos
여성	ésta	éstas	ésa	ésas	aquélla	aquéllas
중성	esto		eso		aquello	

> 예 Ésta corbata es cara pero aquélla es barata.
> 이 넥타이는 비싸지만 저것(저 넥타이)은 싸다.
>
> Éste es Miguel. 이분은 미겔입니다.
>
> Ésta es Angelica. 이 분은 앙헬리까입니다.
>
> ¿Qué es esto / eso / aquello? 이것 / 그것 / 저것은 무엇입니까?
>
> ▶ 중성형 》 지시하는 명사가 남성인지 여성인지 모를 경우 사용

관계대명사

관계대명사에는 que, quien, el / la que, el / la cual 등 네 가지 형태가 있는데, 이들은 선행사가 사람일 경우와 사람이 아닐 경우, 관계절이 제한적이냐, 설명적이냐, 혹은 관계대명사의 격이 어떠하냐에 따라 서로 다르게 사용된다. 이 책은 초보자용이므로 이 내용을 다루지 않기로 한다.

전치사
La preposición

전치사란 두 단어의 관계를 맺어주는 접사로서 두 단어에 의하여 표현되는 개념을 연결시켜주는 역할을 한다. 이러한 전치사에는 장소, 시간, 원인과 목적, 도구, 방법 등의 전치사가 있으나, 한 전치사가 경우에 따라 다른 역할을 하는 경우가 많다.

 주요 전치사

1 a : ~에, 로, ~하기 위해

a 공간에서의 접근을 나타낸다.
- Voy a Madrid. 나는 마드리드에 간다.
  ▶ Madrid 스페인의 수도

b 시간의 순간 등을 나타낸다.
- Juan se levanta a las seis. 후안은 6시에 일어난다.

c 동작동사와 동사원형 사이에 사용된다.
- Ellos empiezan a estudiar español. 그들은 스페인어를 공부하기 시작한다.

2 de : ~로부터, ~에서

a 소유, 귀속을 나타낸다.
- la niña de los ojos negros 검은 눈을 가진 소녀

b 재료를 나타낸다.
- un vaso de plata 은제의 컵
  ▶ el vaso 컵
  la plata 은, 은제

c 출처 / 출신 등을 나타낸다.
- Él es de Seúl. 그는 서울 태생이다.
- Son las ocho de la mañana. 오전 8시입니다.
- María sale de la casa. 마리아는 집에서 나간다.

3 por

a 원인, 대가, 대리의 뜻을 나타낸다.
- Lo hago por él. 나는 그를 대신하여 그것을 하고 있다.

- Pagué cinco mil wones por el libro. 나는 책값으로 오천원을 지불했다.
- El aeropuerto se cerró por la nieve. 공항은 눈때문에 폐쇄되었다.

b 시간의 기간을 나타낸다.
- María estuvo aquí por un mes. 그녀는 한 달간 이곳에 있었다.

c 동사원형과 함께 완료되지 않은 결과를 나타낸다.
- Tengo una carta por escribir. 나는 써야 할 편지가 한 장 있다.

d 수단 등을 나타낸다.
- Lo envié por correo. 나는 그것을 우편으로 발송했다.
- La puerta fue abierta por él. 그 문은 그에 의해 열렸다.

4 para

a 목적, 용도, 방향을 나타낸다.
- Lo hago para él. 나는 그를 위해 그것을 하고 있다.
- Esa carta es para mí. 그 편지는 내게 온 것이다.
- Es una taza para té. 그것은 찻잔이다.

b 미래에 있어서 어떤 고정된 시간을 나타낸다.
- Ella estará aquí para el lunes. 그녀는 월요일까지는 여기에 올 것이다.
  ▶ estará 》 estar ~에 있다 동사의 3인칭 단수 미래형

c 동사원형과 함께 목적을 나타낸다.
- Estoy para salir. 나는 나가려고 하고 있다.

5 en : ~에

a 목적, 용도, 방향을 나타낸다.
- Nosotros vivimos en Seúl. 우리들은 서울에 살고 있다.
- Lo hizo en un momento. 그는 그것을 한 순간에 하였다.

b 교통 수단을 나타낼 때 명사 앞에 사용한다.
- Voy al cine en coche. 나는 차로 영화관에 간다.
- Vine a la escuela en autobús. 나는 버스를 타고 학교에 왔다.
  ▶ vine 》 venir ~에 오다 동사의 1인칭 단수 부정과거형

숫자
Los números

 ## 기수 Números cardinales

1	uno	19	diecinueve	102	ciento dos
2	dos	20	veinte	103	ciento tres
3	tres	21	veintiuno	114	ciento catorce
4	cuatro	22	veintidós	200	doscientos(tas)
5	cinco	23	veintitrés	300	trescientos(tas)
6	seis	24	veinticuatro	400	cuatrocientos(tas)
7	siete	25	veinticinco	500	quinientos(tas)
8	ocho	29	veintinueve	600	seiscientos(tas)
9	nueve	30	treinta	700	setecientos(tas)
10	diez	31	treinta y uno	800	ochocientoso(tas)
11	once	40	cuarenta	900	novecientos(tas)
12	doce	50	cincuenta	1.000	mil
13	trece	60	sesenta	2.000	dos mil
14	catorce	70	setenta	10.000	diez mil
15	quince	80	ochenta	100.000	cien mil
16	dieciséis	90	noventa	1000000	(un) millión
17	diecisiete	100	cien(to)	2000000	dos millones
18	dieciocho	101	ciento uno	10000000	diez millones

uno는 남성단수명사 앞에서는 어미 -o를 생략하여 un으로 표기하며, 여성단수명사 앞에서는 una로 표기한다.
ciento는 뒤에 명사 혹은 숫자 mil, millones가 올 때에는 어미 -to를 생략하여 cien으로 표기한다. 숫자간의 접속사 y는 1단위와 10단위 사이에서만 사용한다.

- un libro   책 한권
- cien mil euros   100,000 유로
- una casa   집 한채
- doscientos cincuenta y seis   256

서수 Números ordinales

제 1의	primero	제 15의	decimoquinto
제 2의	segundo	제 16의	decimosexto
제 3의	tercero	제 17의	decimoséptimo
제 4의	cuarto	제 18의	decimooctavo
제 5의	quinto	제 19의	decimonoveno (decimonono)
제 6의	sexto	제 20의	vigésimo
제 7의	séptimo	제 30의	trigésimo
제 8의	octavo	제 40의	cuadragésimo
제 9의	noveno	제 50의	quincuagésimo
제10의	décimo	제 60의	sexagésimo
제11의	undécimo (decimoprimero)	제 70의	septuagésimo
제12의	duodécimo (decimosegundo)	제 80의	octogésimo
제13의	decimotercio (decimotercero)	제 90의	nonagésimo
제14의	decimocuarto	제 100의	centésimo
		제 1000의	milésimo

▶ 제11의 undécimo이상의 서수에는 décimo뒤에 기수를 써서 나타내는 경우가 많다.

1 서수는 수식하는 명사의 성과 수에 일치해야 한다. primero와 tercero는 남성단수명사앞에서 어미 -o를 생략한다. 서수는 명사의 전후에 붙을 수 있으나 기수가 서수를 대신해서 쓸 경우에는 명사 다음에 붙는다.

- el primer piso   1층
- la tercera lección   제 3 과
- la tercera lección = la lección tercera = la lección tres

2 일반적으로 직위, 책의 권수, 책의 장 및 과 등은 제10까지는 서수로 쓰고, 그 이상은 기수로 쓴다.

- Carlos Quinto   까를로스 5세
- la página treinta   30페이지

형용사
El adjetivo

형용사는 명사 또는 대명사의 앞이나 뒤에서 그 성질, 상태를 설명 내지 수식하는 품사이다.
형용사의 어미변화는 명사의 경우와 같으며, 그것이 수식하는 명사 또는 대명사의 성 género과 수 número에 일치해야한다.

일반적으로 형용사의 대부분을 차지하는 색깔, 크기, 형태, 국적 등에 관한 형용사는 명사의 뒤에 붙는 것이 원칙이며,
말하는 사람과의 거리와 시간의 정도를 나타내는 **지시형용사**, ~의 소유임을 나타내는 **소유형용사**, 개수를 나타내는 **수 형용사**(기수·서수), 모호하고 불확실한 것을 나타내는 **부정형용사**, 명사를 한정하면서 의문을 나타내는 **의문형용사**는 항상 명사 바로 앞에 위치하게 된다.

 지시형용사 》액센트가 있으면 지시대명사임

	단수			복수	
남성	este	이		estos	이것들
	ese	그		esos	그것들
	aquel	저		aquellos	저것들
여성	esta	이		estas	이것들
	esa	그		esas	그것들
	aquella	저		aquellas	저것들

 소유형용사

수식하는 명사의 성/수에 따른 어미변화를 한다. 즉, mi, tu, su의 경우에는 성에 따른 변화는 없으며 복수인 경우에는 어미 -s를 붙이면 되고, nuestro, vuestro는 성/수에 따라 여성인 경우에는 -a/ -as를 붙인다.

1인칭	mi(s)	나의	nuestro(s) / nuestra(s)	우리들의
2인칭	tu(s)	너의	vuestro(s) / vuestra(s)	너희들의
3인칭	su(s)	그(녀)의, 당신의	su(s)	그(녀)들의, 당신들의

예) Ellos son mis amigos.   그들은 내 친구들이다.

Nuestra casa está en el campo.   우리 집은 시골에 있다.

기타 형용사

1 수 형용사 : 기수, 서수, 배수, 분수

- uno 하나의
- segundo 제 2의, 두 번째의
- triple 세 배의
- doble 두 배의
- medio 1/2의

▶ uno 》 단수명사 앞에서는 un으로 씀

2 부정형용사

- alguno 어떤
- poco 적은
- ninguno 아무것도
- varios 여러가지의

3 의문형용사

- qué 무슨, 어떤, 무엇
- cuánto 얼마나

 형용사의 어미변화

1 -o 로 끝나는 형용사 : 여성일 때에는 어미 o가 -a로 바뀌며, 복수형일 때에는 -s를 붙인다.

alto 높은, (키가) 큰

- el hombre alto / los hombres altos 키 큰 남자 / 키 큰 남자들
  ▶ el hombre / los hombres 》 는 남성 단/복수
- la mujer alta / las mujeres altas 키 큰 여자 / 키 큰 여자들
  ▶ la mujer / las mujeres 》 는 여성 단/복수

2 -o 자 이외의 어미를 가진 형용사 : 성에 따른 어미 변화 없으며, 복수형으로 쓰일 때에는 -s, -es를 붙인다.

verde 녹색의 **azul** 푸른색의, 청색의

- el papel verde / los papeles verdes 초록색 종이 / 초록색 종이들
  ▶ el papel / los papeles 》 는 남성 단/복수
- la hoja azul / las hojas azules 파란색 나무잎 / 파란색 나무잎들
  ▶ la hoja / las hojas 》 는 여성 단/복수

3 어미가 z로 끝나는 형용사 : 성에 따른 어미 변화는 없으며,
　　　　　　　　　　　복수형으로 쓰일 때에는 어미 z를 c로 바꾸어 -es를 붙인다.

`feliz` 행복한

- la mujer feliz / las mujeres felices　　　행복한 여성 / 행복한 여성들

4 -a, -ista 로 끝나는 형용사는 성 변화를 하지 않는다.

- agrícola　　농업의
- comunista　공산주의의(자)
- indígena　　토착의

5 남성단수명사 앞에서 어미 o, de, to 를 탈락시키는 형용사

bueno	좋은	malo	나쁜
alguno	어느, 어떤	ninguno	아무런 (~도 않다) 누구 한사람(~않다)
primero	첫번째의	tercero	제3의, 세 번째의
grande	위대한, 큰	santo	성스러운

grande는 남성/여성일 때를 불문하고 단수명사 앞에서는 어미 -de를 탈락시키며, santo 는 뒤에 오는 명사가 Do나 To로 시작되는 남성단수명사인 경우에는 어미 to를 탈락 시키지 않는다.

- un buen hombre　　좋은 사람　　　　· algún libro　　　어떤 책
- tercer año　　　　　3학년　　　　　　· un gran hombre　위인
- una gran doctora　 위대한 여박사　　· Santo Domingo　성(聖)도밍고

6 국적을 나타내는 형용사

-o 아닌 자음으로 끝나는 형용사라도 그것이 국적을 나타내는 형용사일 경우에는 수식하는 명사의 성/수에 따라 어미변화를 하며, 여성일 경우에는 -a, -as를 붙인다.
영어와는 달리 국적에 관한 형용사는 소문자로 표기한다.

- el libro español / los libros españoles　　　스페인 책 / 스페인 책들
- la película española / las películas españolas　스페인 영화 / 스페인 영화들

7 ser 동사 다음에 오는 형용사도 명사의 성, 수에 따라 어미변화를 한다.

- El cielo es alto y azul.　　　　　　하늘은 높고 푸르다.
- Linda y Emilio son altos.　　　　　린다와 에밀리오는 키가 크다.

동사
El verbo

동사는 주어의 동작과 상태를 나타내는 말로 스페인어의 동사는 술어와 주어의 두 개념을 내포하고 있다.

동사 hablar 말하다 의 1인칭 직설법 현재형인 hablo 나는 말한다는 동사 hablar 말하다의 개념과 말하는 주체인 yo 나 의 개념이 포함되어 있다. 따라서 주어를 생략하더라도 동사만 보면 주어를 알 수가 있어 주어를 생략할 때가 많다.
스페인어의 모든 동사원형은 어미가 -ar, -er, -ir로 끝나며, 주어의 인칭 **1인칭·2인칭·3인칭**, 수 **단수·복수** 및 시제 **현재·과거·미래**에 따라 어미가 변화한다.

 ### 직설법 현재 》규칙 동사

직설법현재는 말하는 사람의 주관이 개입하지 않은 현재의 객관적인 행동을 나타낼 때 사용하는 표현이다.
규칙동사의 경우 동사의 어간에 -ar동사의 경우에는 -o, -as, -a, -amos, -áis, -an을, -er 동사의 경우에는 -o, -es, -e, -emos, -éis, -en을 그리고 -ir동사의 경우에는 -o, -es, -e, -imos, -ís, -en을 붙여 만든다.

① -ar 동사 ★hablar

단수			복수		
Yo	나	hablo	Nosotros	우리들	hablamos
Tú	너	hablas	Vosotros	너희들	habláis
Usted	당신		Ustedes	당신들	
Él	그	habla	Ellos	그들	hablan
Ella	그녀		Ellas	그녀들	

② -er 동사 ★comer

단수			복수		
Yo	나	como	Nosotros	우리들	comemos
Tú	너	comes	Vosotros	너희들	coméis
Usted	당신		Ustedes	당신들	
Él	그	come	Ellos	그들	comen
Ella	그녀		Ellas	그녀들	

③ -ir 동사 ★vivir

단수		
Yo	나	**vivo**
Tú	너	**vives**
Usted	당신	
Él	그	**vive**
Ella	그녀	

복수		
Nosotros	우리들	**vivimos**
Vosotros	너희들	**vivís**
Ustedes	당신들	
Ellos	그들	**viven**
Ellas	그녀들	

1 -ar 동사의 예 : 어미가 -ar로 끝나면서 변화하는 동사들을 -ar동사라고 한다.

a **hablar** 말하다, (언어)를 사용하다
- Yo no hablo español.   나는 스페인어를 하지 못합니다.

b **esperar** 기다리다
- Ella me espera en la cafetería.   그녀는 카페에서 나를 기다리고 있습니다.

c **estudiar** 공부하다
- Nosotros estudiamos matemática.   우리들은 수학을 공부합니다.

d **comprar** 사다, 구매하다
- Ustedes compran los libros en la librería.   당신들은 서점에서 책들을 삽니다.

2 -er 동사의 예 : 어미가 -er로 끝나면서 변화하는 동사들을 -er동사라고 한다.

a **comer** 먹다
- Tú comes en tu casa.   너는 너의 집에서 식사를 한다.

b **aprender** 배우다
- Aprendemos español en el colegio.   우리들은 학교에서 스페인어를 배웁니다.

c **beber** 마시다
- Ellos beben refresco.   그들은 음료수를 마신다.

d **leer** 읽다
- Leo el periódico.   나는 신문을 읽는다.

3 -ir 동사의 예 : 어미가 -ir로 끝나면서 변화하는 동사들을 -ir동사라고 한다.

a vivir 살다
- A: ¿Dónde vives? — 너는 어디에 사니?
- B: Vivo en Seúl. — 나는 서울에 살고 있어.

b escribir (글씨, 편지를) 쓰다
- Ella escribe una carta a su padre. — 그녀는 아버지께 편지를 쓰고 있습니다.

c abrir 열다
- Ellos abren las ventanas. — 그들은 창문을 열고 있습니다.

d recibir 받다
- Recibo una carta de mi amiga. — 나는 친구(여성)로부터 편지 한 통을 받는다.

 ## 직설법 현재 》불규칙동사

어근모음변화동사: 어근 모음이 변화하는 것을 제외하고는 어미변화는 규칙동사와 같다.

e ⇨ ie

- pensar 생각하다
- querer 사랑하다
- sentir 느끼다
- cerrar 닫다
- entender 이해하다
- preferir 선호하다
- empezar 시작하다
- perder 잃어버리다
- divertir 즐거움을 주다

단수			복수		
pensar	querer	sentir	pensar	querer	sentir
pienso piensas	quiero quieres	siento sientes	pensamos pensáis	queremos queréis	sentimos sentís
piensa	quiere	siente	piensan	quieren	sienten

a empezar 시작하다
- La clase empieza a las nueve de la mañana. — 수업은 오전 9시에 시작합니다.

b entender 이해하다
- Yo le entiendo a Ud.   나는 당신을(당신 말을) 이해합니다.

c preferir 선호하다
- ¿Qué prefieres, té o café?   차와 커피 중 무엇을 더 선호합니까?

o ⇨ ue

- contar 계산하다, 이야기하다
- encontrar 찾아내다
- soler ~하곤 하다
- costar 비용이 들다
- volver 돌아오다, 돌아가다
- dormir 잠자다
- poder ~할 수 있다
- morir 죽다

단수			복수		
contar	poder	dormir	contar	poder	dormir
cuento cuentas	puedo puedes	duermo duermes	contamos contáis	podemos podéis	dormimos dormís
cuenta	puede	duerme	cuentan	pueden	duermen

a poder ~ 할 수 있다
- ¿Puedo hablar con Emilio?   에밀리오와 통화할 수 있습니까?

b volver 돌아오다
- A : ¿Cuándo vuelve usted?   언제 돌아오십니까?
- B : Vuelvo mañana.   내일 돌아옵니다.

c recordar 기억하다
- ¿Me recuerdas?   나 기억하니?

u ⇨ ue   jugar 놀다, (운동경기를) 하다

단수	복수
juego juegas	jugamos jugáis
juega	juegan

e ⇨ i

pedir 요청하다; 주문하다

- pedir 요청하다, 주문하다
- repetir 반복하다
- servir 봉사하다
- seguir 계속하다

단수	복수
pido pides	pedimos pedís
pide	piden

ⓐ **pedir** 주문하다
- Pido un café con leche. 나는 우유를 탄 커피를 주문한다.(주문하겠다)

ⓑ **servir** 봉사하다
- La señora me sirve un té. 아주머니가 내게 차를 가져다 준다.

1인칭의 경우만 불규칙인 동사

- conocer (사람, 지명 등을) 알다
- saber (어떤 사실을) 알다
- dar 주다
- salir 나가다
- hacer ~하다
- traer 가져오다
- poner 놓다
- ver 보다

ⓐ **conocer** (사람을) 알다
- Conozco a Cecilia. 나는 세실리아를 안다.

ⓑ **dar** 주다
- Le doy este libro. 나는 이 책을 당신에게 줍니다.

ⓒ **hacer** ~을 하다
- Hago un viaje este verano. 나는 이번 여름에 여행을 할 것이다.

ⓓ **poner** 놓다
- Pongo las tazas en la mesa. 나는 잔들을 탁자 위에 (올려)놓는다.

ⓔ **saber** 알다
- No sé nada de eso. 나는 그것에 대해 아무것도 모릅니다.

f **salir** 나가다, 나오다
- Salgo de la clase.   나는 교실에서 나온다.

g **traer** 가져오다
- Hoy te traigo el libro de español.   오늘 너에게 스페인어 책을 가져다 주겠다.

h **ver** 보다
- Veo una película en la televisión.   나는 텔레비전으로 영화를 본다.

saber는 ~의 사실을 안다. 또는, ~의 지식을 가졌다 하는 의미로 사용되고, conocer는 어떠한 사람과 친교를 가져 그 사람을 알거나 자신이 직접 체험한 결과로 어떤 나라, 도시, 기타를 잘 안다 고 할 때 사용된다. saber+ 동사원형은 ~을 어떻게 하는 지 안다, ~할 줄 안다 는 의미로 해석히면 된다.

예 Sé jugar al fútbol.   나는 축구를 할 줄 안다.

Conozco el profesor Eduardo.   나는 에두아르도 교수님을 안다.
¿Conoces México?   너는 멕시코에 가보았니?(알고 있니?)

기타 불규칙 동사

단수			복수		
estar	ser	ir	estar	ser	ir
estoy estás	soy eres	voy vas	estamos estáis	somos sois	vamos vais
está	es	va	están	son	van

a **estar** ~ 이 있다

영속 또는 일시적인 주어의 장소와 위치를 설명하고, 형용사 또는 과거분사를 동반하여 주어의 일시적, 변천적인 상태, 조건 등을 나타낸다.

- Madrid está en España.   마드리드는 스페인에 있다.
- Está escrito en español.   스페인어로 쓰여있다.

b ser ~이다

영속성을 띤 주어의 본질을 나타낸다.

- Emilio es mi amigo.   에밀리오는 내 친구이다.
- Somos coreanos.   우리들은 한국 사람입니다.

c ir 가다, 꼭 들어맞다

ir a+ 동사원형은 ~할 것이다, ~하러 가다 는 의미로 쓰인다. irse는 가버리다, 떠나다 의 의미로 쓰인다.

   ~할 것이다, ~하러 가다

- Voy a verle.   나는 그를 만나러 간다.
- Este vestido no le va bien.   이 옷은 그에게 맞지 않는다.
- Me voy.   나 간다.
- Van a estudiar el español.   그들은 스페인어를 공부할 것이다.

단수			복수		
tener	venir	decir	tener	venir	decir
tengo tienes	vengo vienes	digo dices	tenemos tenéis	venimos venís	decimos decís
tiene	viene	dice	tienen	vienen	dicen

d tener 가지다, 소유하다

tener que + 동사원형은 ~할 필요가 있다, ~해야 한다 뜻이다.

- Ella tiene dos hijos.   그녀에게는 아들 둘이 있다.
- Tengo que ir ahora.   저는 지금 가야만 합니다.

e venir 오다

venir a + 동사원형은 ~하러 오다 의 의미이다.

- Vengo a verle a usted.   당신을 보러 왔습니다.
- Mis padres vienen a mi casa la próxima semana.
  나의 부모님은 다음 주에 나의 집에 오신다.

f decir 말하다

- Él me dice la verdad.   그는 내게 진실을 말한다.

부정과거 Pretérito indefinido

스페인어에 있어서 과거형은 영어와는 달리 두 가지 형태가 있다. 즉, 과거에 있어서 주어의 단순한 동작, 상태를 나타내는 **부정과거**와 아직 끝맺지 않은 과거의 행동을 나타내는 **불완료 과거**가 그것이다.

1 규칙동사의 직설법 부정과거

- ar 동사의 경우에는 동사의 어간에 -é, -aste, -ó, -amos, -asteis, -aron을,
- er / - ir 동사의 경우에는 -í, -iste, -ió, -imos, -isteis, -ieron 으로 변한다.

① -ar 동사

★ **hablar** 말하다

단수			복수		
Yo	나	hablé	Nosotros	우리들	hablamos
Tú	너	hablaste	Vosotros	너희들	hablasteis
Usted	당신		Ustedes	당신들	
Él	그	habló	Ellos	그들	hablaron
Ella	그녀		Ellas	그녀들	

💬 Hablé con ella.   나는 그 여자와 이야기했다.

② -er 동사

★ **comer** 먹다

단수			복수		
Yo	나	comí	Nosotros	우리들	comimos
Tú	너	comiste	Vosotros	너희들	comisteis
Usted	당신		Ustedes	당신들	
Él	그	comió	Ellos	그들	comieron
Ella	그녀		Ellas	그녀들	

💬 Anoche comimos con el profesor.   우리는 어제 밤 교수님과 식사했습니다.

③ -ir 동사

★ salir 나가다, 출발하다

단수			복수		
Yo	나	salí	Nosotros	우리들	salimos
Tú	너	saliste	Vosotros	너희들	salisteis
Usted	당신		Ustedes	당신들	
Él	그	salió	Ellos	그들	salieron
Ella	그녀		Ellas	그녀들	

예) La semana pasada comí con Cecilia, y le hablé de mi plan.
지난주 나는 쎄씰리아와 식사를 했다. 그리고 그녀에게 내 계획에 대해 말했다.

▶ pasado(a) 지난

A : ¿Con quién saliste anoche?
어제 밤 누구와 외출했니?

B : Salí con mi hermano menor.
제 동생과 외출했습니다.

2 불규칙동사의 직설법 부정과거

규칙동사와는 달리 어간모음이 변하는 경우 혹은 일부 문자가 추가되는 경우가 있으나, 덧붙이는 어미는 규칙동사와 동일하다.

★ hacer ~ 하다

단수			복수		
Yo	나	hice	Nosotros	우리들	hicimos
Tú	너	hiciste	Vosotros	너희들	hicisteis
Usted	당신		Ustedes	당신들	
Él	그	hizo	Ellos	그들	hicieron
Ella	그녀		Ellas	그녀들	

★ ir 가다

단수			복수		
Yo	나	fui	Nosotros	우리들	fuimos
Tú	너	fuiste	Vosotros	너희들	fuisteis
Usted	당신		Ustedes	당신들	
Él	그	fue	Ellos	그들	fueron
Ella	그녀		Ellas	그녀들	

★ decir 말하다, 이야기하다

단수			복수		
Yo	나	dije	Nosotros	우리들	dijimos
Tú	너	dijiste	Vosotros	너희들	dijisteis
Usted	당신		Ustedes	당신들	
Él	그	dijo	Ellos	그들	dijeron
Ella	그녀		Ellas	그녀들	

A : ¿Qué hizo usted anoche?
B : Fui a la cafetería y tomé un café.

당신은 어젯밤 무얼 하셨습니까?
카페테리아에 가서 커피 한 잔 마셨습니다.
➡ tomé 》 tomar 먹다, 마시다의 1인칭 단수 부정과거형

A : ¿Quién te lo dijo?
B : Me lo dijo Claudia.

누가 너에게 그것을 이야기했니?
끌라우디아가 저에게 (그것을) 이야기했습니다.

불완료 과거 Pretérito imperfecto

과거의 계속적인 행위, 상태를 나타내기 위해 사용한다. 불완료과거형은 과거에 있어서 지속적인 것을 표현하는 기능을 가지고 있기 때문에 문학적 서술을 위해 많이 쓰여지며, 공손한 표현을 할 때도 쓰인다.

1 규칙동사의 불완료 과거형

- ar 동사의 경우에는 동사의 어간에 -aba, -abas, -aba, -ábamos, -abais, -aban을,
- er 동사 / -ir동사의 경우에는 -ía, -ías, -ía, -íamos, -íais, -ían으로 변한다.

① -ar 동사

★ estudiar

단수			복수		
Yo	나	estudiaba	Nosotros	우리들	estudiábamos
Tú	너	estudiabas	Vosotros	너희들	estudiabais
Usted	당신		Ustedes	당신들	
Él	그	estudiaba	Ellos	그들	estudiaban
Ella	그녀		Ellas	그녀들	

② -er 동사

★comer

단수			복수		
Yo	나	comía	Nosotros	우리들	comíamos
Tú	너	comías	Vosotros	너희들	comíais
Usted	당신		Ustedes	당신들	
Él	그	comía	Ellos	그들	comían
Ella	그녀		Ellas	그녀들	

③ -ir 동사

★vivir

단수			복수		
Yo	나	vivía	Nosotros	우리들	vivíamos
Tú	너	vivías	Vosotros	너희들	vivíais
Usted	당신		Ustedes	당신들	
Él	그	vivía	Ellos	그들	vivían
Ella	그녀		Ellas	그녀들	

> Estudiaba inglés en el colegio.   나는 학교에서 영어를 공부했었다.(공부하곤 했다)

2 불규칙동사의 불완료 과거형

ⓐ 아래와 같은 불규칙동사의 불완료과거형은 규칙동사와는 전혀 다른 형태로 그 숫자가 많지는 않다.

★ser

단수			복수		
Yo	나	era	Nosotros	우리들	éramos
Tú	너	eras	Vosotros	너희들	erais
Usted	당신		Ustedes	당신들	
Él	그	era	Ellos	그들	eran
Ella	그녀		Ellas	그녀들	

★ ir

단수			복수		
Yo	나	iba	Nosotros	우리들	íbamos
Tú	너	ibas	Vosotros	너희들	ibais
Usted	당신		Ustedes	당신들	
Él	그	iba	Ellos	그들	iban
Ella	그녀		Ellas	그녀들	

예) Íbamos al cine, cuando éramos jóvenes. 우리는 어렸을 때 극장에 가곤 했다.

★ ver

단수			복수		
Yo	나	veía	Nosotros	우리들	veíamos
Tú	너	veías	Vosotros	너희들	veíais
Usted	당신		Ustedes	당신들	
Él	그	veía	Ellos	그들	veían
Ella	그녀		Ellas	그녀들	

b 공손한 표현에 동사의 불완료 과거형을 쓰기도 한다.

- ¿Podía comunicar con Sr. Martinez? 마르띠네스씨와 통화 좀 할 수 있겠습니까?
- Quería informarle que... ~을 알려드리고 싶습니다.
  = Quiero informarle que...

현재완료 Pretérito perfecto

조동사 haber의 현재형 + 과거분사 형태로 나타낸다.

a 동작 혹은 행위가 완료된 현재의 상태를 나타낼 때
b 지금, 오늘, 오늘 아침, 이번 주 등에 이루어진 것을 표현할 때
c 현재까지의 경험을 나타낼 때
d 현재까지 지속되고 있는 동작을 나타낼 때
e 최근의 과거를 나타낼 때 사용한다.

1 동사 haber의 현재형

단수	복수
he	hemos
has	habéis
ha	han

2 과거분사 Participio pasado

완료형 표현에 사용되는 과거분사는 -ar동사의 경우 어미 -ar대신에 -ado를, -er/-ir동사의 경우에는 어미 -er/-ir대신에 -ido를 붙이면 된다.

- esperar ▶ esperado
- comer ▶ comido
- salir ▶ salido

- Han llegado esta tarde.   그들은 오늘 오후에 도착했다.
- Este invierno ha nevado mucho.   올 겨울에는 눈이 많이 내렸다.

3 과거분사의 불규칙형

아래와 같은 동사들의 과거분사는 불규칙형이다.

ⓐ **abrir** (문 따위를) 열다 ▶ **abierto**
- ¿Has abierto la puerta?   네가 문을 열었니?

ⓑ **decir** 말하다 ▶ **dicho**
- Él nunca me ha dicho la verdad.   그는 결코 내게 진실을 말하지 않았다.

ⓒ **escribir** ~쓰다 ▶ **escrito**
- Les he escrito una carta a mis padres hoy.   나는 부모님께 한 통의 편지를 썼다.

ⓓ **hacer** 하다 ▶ **hecho**
- Ella ha hecho ejercicio esta mañana.   그녀는 오늘 아침에 운동을 했다.

ⓔ **poner** 놓다 ▶ **puesto**
- ¿Quién ha puesto el radio sobre la mesa?   누가 탁자위에 라디오를 놓았느냐?

ⓕ **ver** ~보다 ▶ **visto**
- ¿Has visto mi paraguas?   너는 내 우산을 보았니?

ⓖ **volver** 돌아오다, 돌아가다 ▶ **vuelto**
- Él ha vuelto a su casa esta tarde. 그는 오늘 오후에 그의 집에 돌아왔다.

ⓗ **romper** 부수다, 깨뜨리다 ▶ **roto**
- ¿Habéis roto el cristal? 너희들이 유리를 깨뜨렸니?

 현재분사 El gerundio

규칙동사의 현재분사는 -ar동사의 경우 어미 -ar대신에 -ando를, -er / -ir동사의 경우에는 어미 -er / -ir대신에 -iendo를 붙인다.

- esperar ▶ esperando
- comer ▶ comiendo
- vivir ▶ viviendo

1 불규칙동사

아래와 같은 동사들의 현재분사는 불규칙형이다.

· decir 말하다	▶ diciendo	· ir 가다	▶ yendo
· poder 할 수 있다	▶ pudiendo	· venir 오다	▶ viniendo
· creer 믿다	▶ creyendo	· leer 읽다	▶ leyendo
· oir 듣다	▶ yendo	· traer 가져오다	▶ trayendo

2 Estar는 현재분사를 동반하여 현재와 **불완료과거에서 진행 중의 동작**을 나타낸다.

- Él está escribiendo. 그는 글을 쓰고 있다.
- Él estaba escribiendo. 그는 글을 쓰고 있었다.

3 현재분사는 **방법, 시간, 조건** 등을 표현할 때도 사용된다.

- Andando rápidamente, llegó aquí a tiempo. 그는 빨리 걸어서 시간에 맞추어 이곳에 도착했다.
- Llevo diez años viviendo en esta calle. 나는 이 거리에 산지가 10년이다.

▶ andar 》 걷다
▶ a tiempo 》 제 시간에

 ## 재귀동사

재귀동사란 동사의 동작, 행동이 목적어로부터 다시 주어로 돌아가는 재귀형의 동사를 말한다. 재귀동사의 원형은 부정형어미에 대명사 se를 붙여 타동사와 구별한다.

1 재귀동사의 직설법현재

★levantarse

단수			복수		
Yo	나	me levanto	Nosotros	우리들	nos levantamos
Tú	너	te levantas	Vosotros	너희들	os levantáis
Usted	당신		Ustedes	당신들	
Él	그	se levanta	Ellos	그들	se levantan
Ella	그녀		Ellas	그녀들	

ⓐ levantarse 일어나다, 기상하다
- Me levanto temprano en la mañana.   나는 아침 일찍 일어난다.

ⓑ acostarse 잠자리에 들다
- Él se acuesta a la una y se levanta a las siete de la mañana.
  그는 1시에 잠자리에 들고 아침 7시에 일어난다.

2 기타 재귀동사

- llamar 부르다   ▶ llamarse 불리우다, 이름이 ~라고 한다
- presentar 소개하다   ▶ presentarse 인사하다
- levantar 일으키다   ▶ levantarse 일어나다
- poner 놓다   ▶ ponerse ~이 되다, 옷을 입다
- acostar 눕히다   ▶ acostarse 눕다, 잠자리에 들다
- despertar 깨우다   ▶ despertarse (잠에서) 깨다
- lavar 씻어주다   ▶ lavarse 씻다
- duchar 씻어내다   ▶ ducharse 씻다, 샤워하다
- sentar 앉히다   ▶ sentarse 앉다
- ir 가다   ▶ irse 가버리다

예 Siéntese Ud. en la silla.   의자에 앉으십시오.
    Él se afeita a las siete.   그는 7시에 면도를 한다.

부사
El adverbio

직접 혹은 형용사를 통해서 또는 다른 부사를 통해서 동사를 한정 수식하는 접사로서 동사의 행동에 영향을 미칠 뿐만 아니라 다른 말들, 경우에 따라서는 전체문장의 뜻에까지 영향을 미친다.

 의미상으로 본 부사의 분류

1 장소 부사

- aquí   여기
- allí   저기
- arriba   위로
- abajo   아래로
- dentro   안으로
- fuera   밖에, 밖으로

2 시간부사

- ahora   지금
- temprano 일찍
- siempre   항상
- antes   전에
- tarde   늦게
- después   후에, 나중에
- todavía   아직

3 수량 부사

- mucho   많이
- casi   거의
- tanto   그렇게 많은; 그 정도의
- muy   매우
- bastante 충분히
- poco   적게
- cuanto ~할 수 있는 대로의

4 방법 부사

- bien   잘
- despacio 천천히
- mal   나쁘게
- rápido 빨리
- pronto 곧장

5 긍정 부사

- sí   예
- también 역시(~이다)
- cierto   확실히, 분명히

6 부정 부사

- no   아니오
- tampoco 역시(~이 아니다)
- nunca 결코 (~이 아니다)

-mente로 끝나는 부사

많은 수의 부사는 원래 형용사였으며, 이들 형용사에 아래와 같이 어미 -mente를 붙이면 부사가 된다.

1 어미가 -o로 끝나는 형용사는 어미 -o를 여성형 -a로 바꾸어 -mente를 붙인다.

- directo 직접적인 ▶ directamente 직접적으로
- claro 명확한, 분명한 ▶ claramente 명확하게, 분명하게

2 기타 형용사의 어미에는 -mente를 붙인다.

- feliz 행복한 ▶ felizmente 행복하게
- alegre 즐거운, 기쁜 ▶ alegremente 즐겁게, 기쁘게

3 문장 중에 만일 -mente가 붙은 부사가 중복될 경우에는 마지막 부사만 -mente를 유지하고, 앞의 부사는 형용사의 여성형 (-a)만 쓴다.

- Juan habló sabia y elocuentemente. 후안은 현명하고 웅변적으로 말했다.

 ## 부사의 어미탈락

1 부사 tanto와 cuanto가 다른 형용사나 부사 앞에 올 때에는 마지막 음절 -to를 생략한다.

- tanto bueno (x) ▶ tan bueno 아주 좋은, 그렇게 좋은
- cuanto dulce (x) ▶ cuan dulce 그만큼 달콤한

2 그러나 mayor, menor, mejor, peor앞에서는 어미 -to를 생략하지 않는다.

- tanto mayor 훨씬 더 많은

3 부사 mucho는 형용사나 부사 앞에서는 muy로 변한다.

- mucho verde (x) ▶ muy verde 아주 진한 녹색의
- mucho poco (x) ▶ muy poco 아주 적은

경칭어

스페인 계통 사람들의 성명 앞에는 경칭어가 붙는다.

 경칭어 순서

성명 앞에는 경칭어가 붙는데 그 순서는

- a 관사 : el, la
- b 성에 붙는 경어 : señor, señora, señorita
- c 이름에 붙는 경어 : don, doña

▶ **don, doña** 》 옛날에는 귀족 자격을 가진 사람에게 붙였으나 지금은 일반적으로 나이든 사람의 이름 앞에 붙이는 경어

- d 본명 (세례명)
- e 아버지의 성
- f 어머니의 성
- g 기혼여자라면 de + 남편의 성을 또 붙인다.

남편	el señor José Pérez (y) Contreras	호세 뻬레스 (이) 꼰뜨레라씨.
부인	la señora Inés Canedo (y) García de Perez	이네스 까네도 (이) 가르씨아 데 뻬레스 부인
아들	el señor don Juan Pérez (y) Canedo	돈 후안 뻬레스 (이) 까네도씨
딸	la señorita Juana Pérez (y) Canedo	후아나 뻬레스 (이) 까네도양

y는 생략될 때가 많으며, don과 doña는 관사를 동반하지 않는다. señor, señora, señorita는 약자 Sr., Sra., Srta.로 쓸 때에만 대문자로 쓰고, 그 이외의 경우에는 소문자로 쓰며, 직접 대화자를 부를 때는 정관사는 생략된다.

교수, 의사, 장관 등 칭호에는 반드시 정관사를 붙여야 하며, 칭호 앞에 존칭 경어 señor, señora, señorita를 붙일 수 있으나, 대화자를 직접 부를 때는 정관사는 생략된다.

예) la profesora 　　　　　　　　　　　　　여교수
　　 = la (señora) profesora
　　 Buenas tardes, señor Juan.　　　　　안녕하십니까, 후안씨.